New window 新視野209

與不順心的人生，和好

當意外來敲門，找尋生命中的勇氣與力量

It's Not Supposed to Be This Way:
Finding Unexpected Strength When Disappointments Leave You Shattered

麗莎・特克斯特 Lysa TerKeurst　著
林宜萱　譯

高寶書版集團

名人推薦

‧何戎／幸福主持人

〈信仰產生力量〉

大多數的我們，通常不太分享自己比較灰暗的一面，因為，我們習慣把自己的軟弱隱藏起來，但即便隱藏，內心的軟弱依舊存在。

願意把自己的軟弱分享出來，才是真正的「勇敢」。因此我認為，本書的作者，就是一位勇敢的人。

當年紀越來越長，越會發現，人生唱反調其實是很正常的事。而且，人生中很多事情，並不會照著我們所預期的發展，甚至常常會出乎意料之外。

還好我們有信仰，因為信仰會產生力量。但必須誠實說，即便一個有信仰的人，也會因為遭遇許多不如意的事情，而開始對信仰，對所愛的上帝產生懷疑，出現變化，這也是很正常、很自然的事。

唯一不變的是：上帝對我們每個人的愛。而我始終相信聖經中的一句話：「萬事都互相效力，叫愛神的人得益處。」

信仰就是一段學習「全然相信」的旅程。

透過本書作者親身的分享，相信我們都可以更加勇於面對自己，接納自己，並且更加相信，上帝在我們每個人的生命中，都有一個極其完美的計劃。

・李晶玉／資深媒體人

有時候，平安來自於對人生的透澈。感謝上帝賜下智慧，成為人們信望愛的源頭。這本書可以讓您看見，經過熬煉，才能結出的果子，這種內在的平安，是任誰也奪不走的。如果在患難中覺得快走不下去，就讓作者的故事和裡面所有的經文成為您最好的陪伴吧！

・吳瑋萍／抗癌鬥士、感謝主我還是個諧星作者

因曾經歷罹癌與復職的艱辛過程……讓我讀本書時，備受同理和鼓勵！許多抽象的負面感受和精神鼓勵，都透過麗莎的文字具體了起來！足能使我們在每一天活出來！值得一讀！

・施以諾／作家、輔大醫學院職能治療學系系主任

身為一個精神科職能治療專家，我見過許多現代人因著「人生跟自己原先所規劃的不同」而憂鬱、氣餒，這本《與不順心的人生，和好》可以有助人們解開這樣的心結，重拾希望與喜樂。

・鄭忠信／財團法人基督教論壇基金會執行長

這是一份生命經驗淬煉後的禮物，本書作者將她內心曾有的掙扎、混亂、不安及絕望……種種情緒，那麼真實、貼近地與自我接觸而道出，讀時就像一位摯友坐在旁邊，輕輕地對你說：「我懂你的心。讓我們聊聊吧。」讓您因著本書心靈被理解地傾聽，就是療癒的開始。

然而作者並未僅僅停留在撫慰痛楚，每一章結尾的「回歸源頭」，是其實踐她所相信累積而成、細膩又清晰的指引，幫助我們從人生各樣的困境中找到珍珠，生命宣言、實用經文、仍應思考的問題，以及深刻的祈禱文，在受苦之窗撒下希望的曙光，賜予鼓舞的力量。相信定能與您產生深深的共鳴，衷心盼望您閱讀此書能與人生和好，為生命展開新的一頁。

・劉群茂／士林靈糧堂主任牧師

我們每一個人看環境的態度，會決定我們的一生。而上帝就是在那些卑微、鄉間、山野磨練我們，讓我們可以如《聖經》所說，在沙漠中也必快樂地開出繁盛的玫瑰！

讀者推薦

「很少人有足夠的勇氣，能真誠、坦率地分享自己面臨的狀況。我的老朋友麗莎．特克斯特就是這少數的其中之一。在這本書中，她勇敢分享親身經歷，藉此讓我們正面看待自己的痛苦與失望；並且，她直接點出了上帝的主權與信念。這本書會充滿力量，不只是因為每一章都流露憐憫與恩典，也是因為我個人見證過淚水、痛苦以及禱告也能帶來憐憫與恩典。這其中蘊含力量。閱讀此書後，你絕對會感到強烈的鼓舞。」

——普莉西雅．夏伊勒（Priscilla Shirer），聖經教師及作家

「我親愛的朋友麗莎．特克斯特親自體驗過，信仰被測試到極限、然後又越來越靠近上帝是什麼樣子。我很感激她願意在這本書中分享她個人的旅程。帶著和約伯一樣的信仰，麗莎脆弱地揭露了她如何挨過難以想像的處境、如何在掙扎中尋找上帝。這本好書能讓你瞭解『受苦』與

『認識上帝』之間的關係。千萬不要錯過！」

——克里斯・霍奇斯（Chris Hodges,），Church of the Highlands 資深牧師、*Fresh Air and The Daniel Dilemma* 作者

「在這本書中，麗莎對抗了非常殘忍的差異：我們『實際』的人生以及『期望擁有』的人生之間的差異。她幫助我們確認了這一點：傷害、挫敗以及灰心都不能拿來跟上帝給我們的希望、喜樂與修復相比。如果你因為失望的枷鎖而虛弱不堪，那麼就讓這本書告訴你，上帝替人類規劃了新篇章。你不會想要取回原來的人生，因為上帝的版本要比你之前的版本好太多了。」

——列維・盧斯科（Lev Lusko），Fresh Life Church 牧師、暢銷書 *Swipe Right and Through the Eyes of a Lion* 作者

「麗莎鼓勵並告訴我們，失望、失敗以及意外之事都可以作為我們更靠近耶穌的助力。我會推薦每一個人都該看這本書！」

——查德・維奇牧師（Chad Veach,），洛杉磯 ZOE Church 創始人

「這本書是為所有問過『上帝，為什麼如此對我？』這個問題的人所寫的。」

——伊莉莎白 E.

「麗莎以神聖的角度，誠實分享了她人生艱苦時節的旅程，這是一本激發共鳴、賺人熱淚、能改變人一生的好書。」

——艾希莉 S.

「如果你曾因失望而苦、或正在度過失望的困境，這本書就是為你而寫的。這本書令人感同身受，且充滿有助益的經文，感覺就像在讀自己的親身故事。」

——譚美 M.

「我不曾讀過如此開誠布公、且在人生困境中強調上帝主權的書。麗莎不僅使我們更加具備度過人生難關的能力，她的人生經驗也展示了如何在最艱困的時節好好奮鬥。她堅定相信上帝的良善，即使肉體之身亟欲猜疑，她也不動搖。對我來說，這本書是改變我一生的禮物！」

——凱蒂 G.

「麗莎把自己的人生難題以及上帝的話語，結合成容易閱讀、可實際應用的書！我強力推薦本書給所有失望和掙扎中的人。」

——艾琳 S.

「有時候，失望與傷害如此之深，處境令人陷入無助。這本書可以使你遠離無助，帶來一場療癒之旅。」

——瑞秋 R.

獻詞

這本書獻給我「箴言31」機構的管理團隊夥伴們：Meredith Brock, Lisa Allen, Barb Spencer, Glynnis Whitwer 和 Danya Jordan…謝謝你們陪著我，一步步走過這段旅程。感謝你們對我無條件的愛、大量的支持以及誠摯的祈禱，我愛你們。

我也要把這本書獻給此刻正拿著書的你。受傷的心靈、失望的靈魂、受打擊的夢想家，我懂你的痛苦。我真的懂。但我也知道上帝都看到了，也聽到了；而且上帝深深愛著你。我祈禱，你能透過這本書的文字擁抱真理，卸下靈魂的重擔。

目錄

前言

我很喜歡跟自己說一個故事，那是關於我的人生應該如何發展的故事。雖然那裡面到處缺乏日常細節，但整體瀰漫著一切安好之感。不，實際上，不僅僅是一切安好而已，在那個故事中，我的腳趾可以深掘到名為「正常」的那片輝煌之地的沙子裡。那個地方不是我設計的，但在那裡，我對任何變化都能行使同意權，也可以否決所有看起來、感覺起來、嗅起來不對勁的狀況發生。我的肺吸入的陣陣新鮮空氣都充滿可預測感，而風總是輕柔徐徐，非常穩定，不會有暴風雨，更不會有殘酷或破壞。

這個地方既不迷人也不炫目，但這裡休閒而舒適，帶有波西米亞的折衷主義設計風格以及我自己的步調。事物不會用壞或磨損，我也不會疲憊不堪。人們很善良，大家說的做的都是同一套；大家脾氣暴躁的程度恰恰好，讓事情添了分趣味。善意像樹木上盛開的花朵，點綴了這片景觀。和平的氛圍像蓬鬆雲朵一樣盤旋。背景配樂簡單又甜美，那裡有個大家族，個性鮮明的成員同聚一塊兒，說著自己人才懂的笑話，自然地發出迴盪的笑聲，樂音伴隨笑聲漸強。

我喜歡這個地方。

我不只想在這裡度假。我想住在這裡。

我猜你自己也有一個類似這樣的故事。

我們不僅希望閱讀自己令人滿意的故事結尾；我們還想拿起筆自己寫。我們非常肯定事情應該如何發展。但我們的生活其實存在於既不能預測、也無法控制結果的不確定性之中。

人類非常執著於結果。我們說我們信靠上帝；卻在背後卻拚命運作、投入心力、情緒糾結纏繞，試圖控制最後的結果。當我們的「正常」看起來像自己想的那樣時，我們讚美上帝；如果它不如想像，我們就質疑上帝。當我們沉重地懷疑，把讓我們凝聚在一起的希望付之一炬的兇手就是上帝時，我們遠離祂。

即使是最腳踏實地的人也會被無法預測的變化所挾持。我們因悲傷而無力可施；同時又無法讓我們的負擔如同無足輕重的灰燼一樣地煙消雲散。

我從來沒有見過能控制改變之風的灰燼；灰燼不能決定被吹往何處。

但至少這些薄如面紙的碎屑不會指望能夠控制飛往何處、如何飄落。

我還沒有見過如灰燼般不執著於結果的人。

我們透過播放「好事明天就會降臨」的心智電影，激勵自己度過今天的壞事，告訴自己如果好事不是明天降臨，也會在很近的未來發生。

我們告訴自己，即將發生的好事會多麼輝煌美好，讓我們將所有的焦慮一吐而出，如釋重負地說：「咻，老實說這一切都是值得的。」救贖之歌響起，外加一個小小的彩帶慶祝遊行。

我們告訴自己，好的結果會如同我們夢想的那樣。它會如我們所願地快速發生；它會導正所有一切的錯誤。那些忠心陪伴我們度過這個艱難時節的人，會覺得投入在我們身上的時間、為我們製作溫馨砂鍋菜都是美好的。他們完成了另一個「國度任務」，快在待辦清單上打個勾吧，眾人皆大歡喜。

我們告訴自己，那些迴避你或批判你，或者更糟的——在你痛苦時落井下石的人，會發現自己犯了大錯。他們會道歉，保證他們會吸取教訓，永遠不會再用這種方式對待他人。

這是可以接受的結果。

這就是公式計算的方式：身處困境的時間加上療癒時間，再加上對上帝的忠誠，應該等於我們指望的好結果。

但是，如果你在成人的世界待超過二十四小時，可能會像我一樣得到同樣驚人的啟示。我們無法控制我們的結果。上帝的應許會以什麼形式出現，是無法套入公式得到解答的；我們也永遠無法要求在受到傷害後，能加快療癒時間。

我乘著一輛掙扎巴士，但我無法抓住方向盤，將它駛回「正常」狀態。這樣的事實讓我感覺很不舒服。

我對「一個好的上帝應該做什麼事」做出如此大的假設，然後當風向改變時、掙扎巴士向左急轉彎時、或沒有一件事感覺是對的時候，我發現自己極度地失望。

這不是我對此刻生活所描繪的景象。

而這可能也不是你認為自己此刻生活應該有的模樣。

我沒有告訴你任何新的東西。我只是代為說出你已經產生、但也許不知道如何用語言表達的想法。

但是，這其中仍存有希望。

雖然我們無法預測、控制或要求事物的結果，但我們可以非常肯定地知道，我們會一切安好。比「一切安好」更好。比「正常」更好。我們藉著我們的主耶穌基督得勝（哥林多前書15:57）。得勝之人不會只安於「正常」的境界。

透過這本書，我將幫助你在上帝為了你好而精心策劃的故事中找到安身之處。有些人終其一生都沒有機會看到上帝為他們好而放置在其周圍的所有善良之事。一部分是因為生活中的艱困挑戰佔據了他們極大的注意力。看似沒完沒了的心碎已經偷走了他們對生活的熱愛。

但是，如果「事情的結果」只是勝利的其中一部分呢？如果勝利的一大部分是我們今天、這一小時、這一分鐘的生活有多好呢？

接下來，你將對「生命」有完全不同的體驗。我們會一起找到方法，不將希望押注在特定結果上——我們認為這些結果是回歸正常的唯一道路，但實則不然。事實上，我們要把自己的希望與上帝——也就是故事的作者——的心聯繫起來。祂所寫的故事是你的心從未想像得到、但祈求能與其澎湃節奏共舞的，其中還有比你所知更多的一切。

我迫不及待想要看到這一切在你我的人生中展開。

回歸源頭

為了幫助我們擺脫對「生活應當如何」的種種誤解，我在每一章的最後寫了「回歸源頭」的單元，將我們在各章學到的內容做摘要整理，免得我們邊讀邊忘。當我們擺脫誤置的希望和受限的觀點時，我們必須要填補那些空洞。所以我們也要學習辨識那空虛之處和我們的渴望，然後用上帝真理的活水來填補。祂的聖言是為了轉變受傷的心而量身訂製的。

每一章的「回歸源頭」單元都包括了我們應該堅守的宣言（謹記）、應該吸收的經文（接收）、應該思考的問題（反思），以及祈禱文。儘管我們無法預測、控制或要求各種狀況的結果，但我們可以非常肯定地知道我們會一切安好。

謹記

- 我們生活在既不能預測、也無法控制結果的不確定性中。
- 即使是最腳踏實地的人，也會覺得被無法預測的變化所挾持。
- 我們藉著主耶穌基督而得勝。得勝者從來不會安於「正常」之境。
- 如果「事情的結果」只是勝利的其中一部分呢？如果勝利的一大部分是我們今天、這一小時、這一分鐘的生活有多好呢？

接收

感謝神，使我們藉著我們的主耶穌基督得勝。（哥林多前書 15:57）

反思

- 你對「自己的生活會發展成什麼樣」有什麼計劃或想法？
- 你如何應對「無法控制結果」這件事？
- 在過程中，你如何感受到自己對結果的執著多過於對上帝的信任？

天父，

我承認，我常緊抓住自己的計劃，執著於我認為應該要有的結果。但我知道，祢為我寫的故事比我為自己寫的任何故事都要好得多。當我面臨的狀況不確定而且不可預測之時，請幫助我堅守這個真理。我宣示對祢的信任勝過一切。

奉主耶穌基督的名禱告，阿們！

第一章　兩個花園之間

我撥了一個打過數百次、甚至數千次的電話號碼，雙手不停地顫抖。現在是凌晨五點三十四分。我知道當我朋友接聽電話的那一刻，我剛才發現的恐怖事實就會變成真的。我不希望它變成真的。如果我把這件事藏在自己心裡，或許就可以否認那威脅著要吞噬我的傷痛。但假裝事實不存在，永遠不會讓事情變得更好。那只會讓你外表微笑而內心大爆炸，那樣的生活很不堪。

有時，為了拿回你的人生，你必須面對你所期待生活的「死亡」。

當我聽到朋友帶著睡意又輕微慌張的氣聲問：「喂？麗莎？你還好嗎？」時，我正注視著那種死亡。

此刻，我的狀態絕對叫做「不好」。

我的「不好」已經有很長一段時間了。二十多年珍貴婚姻中的安全感和安心感突然被撕裂，留下我刺痛的心，還有顫抖的靈魂。

即使是在事情發生兩年多之後的現在，我仍然苦苦掙扎於「我認為應該怎麼樣」和「實際上是怎麼樣」之間的距離。我還有很多時候是非常不好的，很想發簡訊給那個「遺失的美好」，要求它回到我身邊。

但這不只是出現在我車道盡頭的白磚房子裡而已。這個想法也糾纏著你。它會透過較小的失望出現，像是個耳語出現在你身邊。剪壞了的頭髮。滿溢出來的洗碗機。燒焦的晚餐。今天特別不聽話的孩子。持續上升的體重，以及持續下降的銀行帳戶存款。

然後，這個耳語漸漸變成了更大的聲音。朋友好一陣子沒聯絡。沒能爭取到工作。你渴望能給你鼓勵的人，反而對你說出嚴厲話語。你的婚姻在雙方對話越來越火爆的同時，感情也越來越冷淡了。你在生命這個階段出現了從未想過會出現的孤獨感。

然後，失望逐漸升級為驚天動地的雷聲咆哮：醫生打來的電話，告知一個讓生活陷入混亂的診斷結果。另一半出軌。不為人知的癮頭。你幾乎不再熟悉的孩子。火災。破產。分手。朋友意外死亡，而你一直在撥打他們的電話，希望只是惡夢一場，期盼等一下他們就會接起電話。

我不知道這些大大小小的失望何時到來，但它們就是出現了。一個我不知道該怎麼應對的意外訪客。

這位名為「失望」的客人使我筋疲力盡。

但這點我不必多說。

因為它也讓你感到沮喪和疲憊過。

生活並沒有如我們想像的那樣展開。

失望。無論你是否使用過這個詞，它就在那裡。我想針對這個影響我們強過於我們所意識到、或能以言語所能表達的感受，再多加一些說明。

那種感覺是這樣的：事情應該比實際上的還要好。人應該比他們實際的樣子更好。狀況應該比現實還要好。財務應該比實際狀況更好。關係應該比實際情況更好。

你知道嗎？你是對的。一切都應該比現在好。難怪我會如此筋疲力盡，而你也是。在此，請聽我細說分明，解開撒旦努力不讓我們知道的事情。

讓你筋疲力盡且沮喪的失望，其實很有潛力能為你帶來好事。但是，唯有當我們相信給予者的用心，才能將它視為好事。

其實，失望可以是上帝的禮物，雖然它完全感覺不像是禮物。它出乎意料地尖銳，當我們看到有人打開它而受傷時，一定會認為送禮者太過殘酷。人們的手指會流血，感覺自己被欺騙，因此很容易不再相信可能在其中找到任何好事。他們肯定會質疑上帝為何允許這個禮物出現。

這些我通通都經歷過。當我在凌晨五點三十四分打電話給我的朋友時，我當然邊哭邊拋出了許多關於上帝怎會允許這種事發生的深奧問題。

但是，失望並不能證明上帝不讓好事發生在我們身上。有時候，這是他帶領我們回家的方式。但要看到這一點並正確理解究竟發生了什麼，我們必須退後一步，在上帝史詩般大愛的故事——拯救人們、使人們與他和好的故事——這個脈絡中觀察它。

所以，讓我們暫且放下關於「為什麼這些事情會發生」的問題。在我們能更妥善掌握能夠處理它們的真相之後，再回頭思考。先讓我們打開心扉，看看上帝的答案，祂的方式以及話語。我保證這裡不會有那些沒什麼用又經常受損的脆弱保險桿貼紙標語。我們將齊心協力，一同尋找實質的幫助和真實的希望，找到透過這一切保護我們安全的上帝。讓我們從最初的源頭開始吧。

〈創世記〉告訴我們，人心是在「完美伊甸園」這樣的背景下被創造出來的。

你能想像上帝創造世界時的樣子嗎？當祂說這一切都是好的、很好的、一切都很完美的那個時候。

「完美」的交響樂在空中流瀉。一切全然和諧，樂音此起彼落，以最豐沛的音頻震盪、以極其嚴謹精準的方式跳動。沒有什麼看來是不正確或感覺不對勁的。一切如此美麗、平靜與充實。關係中充滿完美的和平。亞當和夏娃彼此美妙地連結在一起，他們生活在上帝的完美處所。這是一個擁有獨特親密性的天堂，在這裡，上帝會與亞當和夏娃直接互動。這裡備有等待被完美實現的目標。沒有悲傷、混亂或不公正；沒有疾病、離婚、抑鬱或死亡。沒有錯亂不一致的動機，沒有操縱，沒有惡意。

這裡有你夢寐以求的一切，而且還遠遠超過你所能想像。

所以說，人類的心是在「完美伊甸園」這樣的背景下被創造出來的。但我們現在不住在那裡。

這就是為什麼我們的本能會繼續煽動「完美是可能的」這種謊言。「完美」的圖像被印刻在我們靈魂的 DNA 中。

我們追逐它。我們把相機轉向各種角度來捕捉它。我們會連拍二十張希望能找到它。然後，即使是好照片也必須進行色彩校正、過濾和裁剪。

我們竭盡心力讓別人認為自己張貼的圖片是真實的。但我們都知道真相，我們都看穿了這個粉飾太平的遊戲。我們都知道國王沒有穿衣服。即便如此，我們依然在場邊鼓掌，跟著玩這場遊戲。我們試著相信，也許——只是也許——如果接近某些看來完美的東西，我們也能為自己抓住一點點光芒。

但我們也知道，即使是最閃亮的事物，也會朝著逐漸黯淡的方向發展。新的永遠都會變舊；追隨者會取消關注；高舉我們的人會將我們重重摔下。生命中最緊密交織的面向會在眼前破裂、崩裂和瓦解。

失望並不能證明上帝不讓好事發生在我們身上。有時候，這是他帶領我們回家的方式。

所以我們失望透頂。

但我們不談論它。

我們甚至不認為自己有權去談論失望，抑或只是不知道如何處理自己的失望。在查經班或週日上教堂時更不敢提了。因為大家都說：「要感恩、要正面，讓你的信仰主導你的感受。」

我的確相信我們需要感恩、正面，讓我們的信仰主導感受。但我也認為，悶不吭聲和假裝我們不會因為失望而疲憊是非常危險的。

當我們對失望失去話語權、不能表達且無法掙脫失望時，等於讓撒旦能趁機製造毀滅性武器，對付我們和我們所愛的人。「讓我們自己抱著這些想法，不和他人傾吐」正是他微妙的誘惑佈局，這樣他就可以溜進耳語中，將我們的失望發展成具破壞性的選擇。

如果敵人可以孤立我們，他就可以影響我們。

他最喜歡的切入點就是透過我們的失望。敵人以耳語的形式進入，像微風一樣徘徊、逐步醞釀成一個你根本沒注意到的風暴；最後，他永不滿足的摧毀慾望將釋放出計劃已久的破壞性龍捲風。他不會在我們的失望之處低聲哄我們。他想粉碎我們。

所有的諮商師都會告訴坐在被淚水浸溼的沙發上的心碎人們，他們關係失敗的原因之一，是因為缺乏對話——需要進行但從未進行的對話。

如果我們沒有發展處理失望的方法，就會受到引誘，讓撒旦重寫上帝的故事；讓原本充滿愛的故事變成一種負面敘事，讓我們對造物主有所懷疑：為什麼祂明明知道，我們最終會因罪而無法住在伊甸園，卻還在那裡創造了我們的心？

我的意思是，亞當和夏娃因犯罪遭驅逐伊甸園之前，上帝難道不能先刪去他們對於完美的意識及渴望嗎？是的，祂當然可以做到這一點；但刪去我們失望的根源，也會剝奪我們想要前進的榮耀希望。

請記住，這是一個愛的故事。如果較卑劣的愛不讓人失望，那麼我們永遠不會感激或甚至渴望懷抱「真實之愛」的希望。在永恆此端的一切事物中，「失望」的痛心之感使人們對這世界產生不滿，促使我們渴望上帝，渴望到達最終將再次與祂一起漫步的地方。在那裡，我們終將擁有平安與安全，眼睛不再流淚……心也不再破碎。

《聖經》從〈創世記〉這一卷開始，場景就在最初的伊甸園裡。但請不要忘記，最後一卷也是在伊甸園的恢復中結束的，即後一卷〈啟示錄〉的最後幾章：

看哪，神的帳幕在人間。他要與人同住，他們要作他的子民。神要親自與他們同在，作他們的神。神要擦去他們一切的眼淚；不再有死亡，也不再有悲哀、哭號、疼痛，因為以前的事都過去了。坐寶座的說：看哪，我將一切都更新了！（啟示錄 21:3-5）

請注意經文中所有用於描述我們目前居住世界的感覺詞彙：悲哀、哭號、疼痛。極度的失望常會沾染深深的淚水。正如我們之前談到的，永恆此端的一切都處於「走向衰退」的狀態，這正是罪惡進入等式的自然結果。明亮的日子變成黑夜；生命的笑聲會因死亡的淚水而黯然失色；這一刻的興奮被下一刻的失望所扯離。這種對我們深刻情感的持續威脅，引發了抑鬱、焦慮、冷酷，老實說，還有對上帝良善的懷疑。

除非……

除非，我們不把那些嚴酷現實視為結束，而是一個臨時的中間地帶。這裡不是我們打算久居的地方，而是必須學習如何「好好拉扯」的地方。我需要這個拉扯。我真的有這樣的感覺：處於極度沮喪的我想舉起雙手，大聲喊叫這一切不公平。不讓我的感覺發聲，是剝奪人性。但是，恣意讓感覺成為唯一的聲音，會剝奪我的靈魂接受上帝用來安慰我、並領我前進的治癒之力。我的感覺和信仰幾乎肯定會相互衝突。我的感覺將衰敗視為令人厭惡且全無必要的傷害；而我的靈魂則將其視為創造美好未來的養分。這兩種觀點都是真實的，它們不斷從不同方向拉扯著我。「好好拉扯」意味著承認我的感受，但仍要依著信仰帶路，往前邁進。

上帝知道我們在回到永久居住之地前，必須學習如何好好地拉扯。當我們的感覺要求我們質疑信仰時，你是否看到上帝在〈啟示錄〉第21章中給予的鼓勵，藉此幫助我們？他將終止衰敗、死亡以及極度的失望。他會把一切都更新了！

在這個更新的伊甸園中，詛咒將被解除，「完美」像失散多年的朋友一樣迎接我們。我們的期望和經驗之間沒有差距，兩者相同而一致。我們不會受傷，也不會帶著傷害活著；我們不會失望，也不會活在失望之中，不會對人、對自己或上帝感到失望。我們的感覺和信仰將調和一致，我們將回歸到純潔的感覺，在那裡可以體驗到最好的心與絕對的真理聯合為一。

在更新的伊甸園中，我們不需要在感覺和信仰間拉扯，因為這裡沒有關於上帝本性的對立論點；上帝栽培的，不會走向腐敗。關於「上帝為何允許事情發生」不會有相反的觀念；也沒有「事情可能不會有好結果」的恐懼。

我們不需要拉扯，因為我們會一切安好。完整。全然。安心。安全。確定。勝利。並且在對真理的理解上回到最初原點。

但是，正如此處討論之初所提到的，我們並沒有生活在「完美伊甸園」或是「更新伊甸園」之中。因此，今天我們必須理解，生活在兩個花園間的中間地帶，是需要好好拉扯奮鬥的。我們必須在笨拙人性的不完美節奏中，學會生活和愛，努力跟上神性交響樂中的節奏。

我們有時會把歌詞弄錯。

我們會走調、也可能走拍。

我們的音調可能偏高了一些，也可能唱低了一些。

但是，如果上帝的交響樂繼續大聲強力演奏，作為我們生活的終極配樂，我們將意識到如何回到正軌。我們將意識到如何回歸到正確的節奏上，我們會會透過聆聽，回到正確的音調上。

這好比我在車裡唱著一首精心製作的歌曲一樣。當我合著音樂歌唱時，我的聲音美妙無比。不是因為我突然變成了不起的音樂大師，而是因為大音樂家比我唱得更響亮，引導著我，讓我能保持在準確的音調和節拍上。我和這首歌拉扯得很好，因為我不是獨自一人完成這一切的。

但當我關掉收音機、拿起麥克風獨唱時，那就全靠老天保佑了。我不會拉扯得很好。我會把美妙的音樂搞亂成一團混亂刺耳的聲音，我會加入這個世界的混亂噪音。我會想念那美妙的音樂，因為那是要用來提醒我，我的人生注定是充滿大愛的故事，此生將與「愛著我靈魂的祂」共度。

這就是本書的重點，就這麼簡單。此生，我要學習如何在兩個花園的中間地帶好好拉扯。我想打開「失望」的禮物，釋放包含在其中的「希望」氣息。我很感激我們可以一起做這件事。

人心是在「完美伊甸園」這樣的背景下被創造出來的，但我們現在不住在那裡。

謹記

- 有時為了拿回你的人生，你必須面對你所期望生活的「死亡」。
- 失望是「事情應該比實際上更好」的感覺。
- 失望並不能證明上帝不讓好事發生在我們身上。有時候，這是他帶領我們回家的方式。
- 如果敵人可以孤立我們，他就可以影響我們。
- 如果較卑劣的愛不讓人失望，那麼我們永遠不會感激或甚至渴望懷抱「真實之愛」的希望。
- 上帝知道在我們回到永遠居住之地以前，必須要學習如何好好拉扯。
- 在更新的伊甸園中，我們不需要拉扯掙扎，因為我們會一切安好。

吸收

看哪，神的帳幕在人間。他要與人同住，他們要作他的子民。神要親自與他們同在，作他們的神。神要擦去他們一切的眼淚；不再有死亡，也不再有悲哀、哭號、疼痛，因為以前的事都過去

了。坐寶座的說：看哪，我將一切都更新了！（啟示錄 21:3-5）

反思

- 你目前面臨什麼樣的「失望」？
- 你是否一直對那些「失望」長期抱持著不實的信念？
- 當你回顧並思考過去時，你的「失望」為你帶來了什麼禮物？
- 你可以透過什麼方式，在此刻的生活中學習「好好拉扯」？
- 伊甸園的教義如何幫助你更清楚地理解此刻正在經歷的事情？

天父：

生活在兩個伊甸園間的這個凌亂中間地帶，有時真的是費勁惱人。當生活以我從未想像過的方式帶來失望時，請教導我在信仰和情感之間好好拉扯奮戰。我的失望感覺上根本不是禮物，但我會相信祢——總是會為我帶來好禮物。請在我現在的生活中釋放希望氣息，我衷心祈禱。

奉主耶穌基督的名禱告，阿們！

第二章　塵埃

我緊抓住胸口，淚水順著臉頰不停流下。我心的痛苦並非身體上的，而是情緒上激烈的刺痛，讓我幾乎無法呼吸。我的手在顫抖。我睜大的眼睛充滿了恐懼，嘴巴感覺麻痺。

原本感覺全然而完整的生活，此刻被抹煞殆盡，面目全非。

我生命中有很多次受傷的經驗，但沒有一次像這樣。

結婚二十五年後，我別無選擇，只能告訴丈夫：「我愛你。我可以原諒你。但我無法和別人分享你。」

我從沒如此崩潰，如此孤獨。然後，這個傷口上被撒上更多鹽：人們開始議論紛紛。我低調處理這個心碎消息，只告訴幾個朋友和諮商師。他們溫柔地幫助我，對此我永遠無以回報。這世上有一些非常好的人；但其他人並不那麼理解或富有同情心。此刻，現實生活和謠言壓得我喘不過氣。我正在經歷「正常生活之死」，但人們不會為「正常」舉行葬禮。我正在處理因為失去世上最愛之人而帶來的極度悲痛；但是，我並不是到墓地哀悼其死亡，反而像是進入了謠言碾磨廠，被各種臆測和看法給蹂躪。我的枕頭被淚水浸透，只有自己知道這些淚水從何而來。我不僅在處理深刻的個人痛苦，也同時親身體會，身為破碎之人，有時也會造成別人心碎。

我們生活在一個破碎的世界，在這裡，破碎的事總會發生。因此，在我們的生活中，事物會被打破，也就不足為奇了。但是，如果它不僅是破了、而是碎到無法修復、碎到像塵埃這樣的程度呢？當事物破裂時，至少我們還可以抱著希望，或許可以將碎片重新黏在一起；但如果你面前連「碎片」都沒有呢？你不可能把碎塵給黏起來。

塵埃難以被握住。曾經如此珍貴的東西，現在已經化為無足輕重的粉末，即使是最輕微的風也可以帶走它們。我們感到極度絕望。塵埃使我們相信上帝的應許不再適用於我們、上帝之手遠遠不能觸及我們所處的位置。我們對上帝的希望，被周圍強烈的黑暗給扼殺殆盡。

我們希望上帝解決這一切。我們希望上帝編個結局不同的故事，修復令人心碎的現實。

但是，如果處理、編輯和修復根本不是上帝在這次破碎事件中想要帶給我們的呢？

如果，這一次，上帝希望做出一些全新的東西呢？就是此刻。在永恆這一面。無論我們的情況看來多麼破碎。

塵埃正是上帝喜歡使用的成分。

我們認為生活中的粉碎不可能帶來任何好處；但是，如果那是讓塵埃恢復到基本形狀、以便製造新東西的唯一方法呢？我們可以將塵埃視為不公平的破壞所造成的結果；或者，我們可以將它視為一個關鍵成分。

請想像一塊普通的冰塊。如果冰維持冰塊狀態，它始終就只是個冰塊。但是，如果冰融化了，它可以被倒入模具中，經過冷凍重新塑造成另外一個美麗的樣貌。塵埃也是如此，它是有巨大潛力、能孕育新生活的基本成分。

上帝可以用來製造人類的所有事物中，祂選擇使用塵埃。「耶和華神用地上的塵土造人，將生氣吹在他鼻孔裡，他就成了有靈的活人，名叫亞當。」（創世記 2:7）。

耶穌用地上的塵來恢復一個人的視力。耶穌說：「我在世上的時候，是世上的光。耶穌說了這話，就吐唾沫在地上，用唾沫和泥抹在瞎子的眼睛上」（約翰福音 9:5-6）。那個人到西羅亞池中一洗，回家後就看得見了。

此外，當塵與水混合時，就變成泥。泥放在窯匠的手中，可以塑造出他想像得到的任何東西！

耶和華啊，現在你仍是我們的父！
我們是泥，你是窯匠；
我們都是你手的工作。

（以賽亞書 64:8）

耶和華說：「以色列家啊，我待你們，豈不能照這窯匠弄泥麼？以色列家啊，泥在窯匠的手中怎樣，你們在我的手中也怎樣。」（耶利米書 18:6）

塵埃並不意味著結束。它往往是新事物開始時必須要有的東西。

想想當有人去世時，那種「結束」的感覺有多強烈。無論我們如何照顧好自己和所愛之人；無論我們多麼善良、信仰多麼成熟，都無法逃避死亡，也就是人身將化為塵的事實。〈創世記〉第3章19節告訴我們，我們本是塵土，仍要歸於塵土。這當然會讓我們退後一步，猜想這一切到底有什麼意義？畢竟，最後我們都會死、會腐爛、分解成塵土。但對於那些相信耶穌基督是生命之主的人來說，這不是結束，而是我們都渴望經歷的轉變之始。肉體的死亡是開始接收我們天上房屋的唯一途徑，這些天上房屋永遠不會磨損、或以任何方式腐爛，也不會再被分解成為塵土。

我們原知道，我們這地上的帳棚若拆毀了（代表我們死亡、離開肉身之軀）必得神所造，不是人手所造，在天上永存的房屋。我們在這帳棚裡歎息，深想得那從天上來的房屋，好像穿上衣服；倘若穿上，被遇見的時候就不至於赤身了。我們在這帳棚裡歎息勞苦，並非願意脫下這個，乃是願意穿上那個，好叫這必死的被生命吞滅了。為此，培植我們的就是神，他又賜給我們聖靈作憑據。（歌林多後書 5:1-5 ）

還記得上帝在〈啟示錄〉第21章5節中恢復伊甸園的宣告嗎？「我把一切都更新了！」死亡只是一個通道，讓我們在上帝指定的時間遠離這個充滿瑕疵的破碎世界，被接往一生渴望的天家。我們不能決定這在什麼時候發生，但我們不必擔心死亡是個終點，它是另一個開端。

是的，在更新的伊甸園中將不再有死亡。沒有哭泣，沒有破碎的心或破碎的處境，沒有遭粉碎的現實生活。不再有塵埃了。這是多麼充滿救贖的想法：我們肉體的粉碎將引領我們進入上帝的更新世界，在那裡將不再經歷破碎，不管是身體或其他方面皆然。

當我寫上一本書《不請自來》（Uninvited）時，對於「拒絕」這個非常痛苦的主題，我自覺能分享一些智慧。在過去遭拒絕的痛苦經驗中，上帝幫助我邁進了一大步，這使我確信可以利用自身經驗幫助別人。我猜想，因拒絕而陷入深深悲傷的讀者，可以感受到我與他們同在，而感到不

微塵並不意味著結束。它往往是新事物開始時必須要有的東西。

那麼孤單。讀者會知道一件事：我分享的不是動聽的理論，而是經過奮鬥而來的真理。讀者知道我經歷過那種苦楚，得以相信自己也有希望痊癒。

我寫了那本書。

把它交給了編輯。

把這件事從待辦清單中劃掉了。

生活繼續前進。

然後，我發現我丈夫外遇了。我的人生完全停止。它完全顛倒了，所有最好的部分都鬆動了。越是想抓住飄散在我周遭的事物，就越清楚意識到自己無能為力。

正如我在本章開頭所說的，我生命中曾有多次受傷的經驗，但沒有像這次這樣事情崩潰了。事情無法修復，從完整化為塵埃。我爬上床，希望世界停止旋轉。我希望一切都能暫停、停止傷害我。但沒有一件如願。

那是我們生活變成塵埃時，最具摧毀性的時刻。我們想要世界停止旋轉一會兒，希望事情暫停。直到徹底走出悲傷前，我們不想慶祝任何事。我們希望那些帶著某些期望的人，不要一直發送電郵給我們。我們需要清空行程表。

但行事曆接收不到這份情緒：我在人生仍可預料且完整時同意做的事情，不會因此神奇地被抹去。

其中也包括了這本剛完成的「拒絕」之書。本來預計在六個月內發行，但還需要最後一個步驟：我得把所有稿件再完整讀過一遍。

我記得快遞送來最後一校的稿件。一輛轟隆隆的卡車來到我家，衝下長長的碎石車道。UPS快遞員把包裹放在我的前門。他按了門鈴，然後蹦蹦跳回到卡車裡，前往下一個包裹目的地。對那個快遞員來說，那只是普通的一天。

他卻不知道，他幫助了一個命在旦夕的靈魂重新找回生命。

我打開信封，裡面是我的書稿——內容正是要幫助世人處理我此刻心中這種激動的情緒。上帝啊，祢明知道我對於朝我而來的災難毫無頭緒，為何要讓我在此時寫這本書？我真是大傻瓜，竟還選擇寫這個主題。我早該知道筆下的主題會反回來衝擊自己，而祢大可阻止我的，祢大可阻止這整件事。

我把書稿攤在床鋪凌亂的被套上，內心感到一片空洞。

我沒有什麼可以給任何人。但是，我還要站在暴風雨的世界之前，像自由女神般承諾一個屬於自己版本的全新開始：「給我你破碎的心、不被他人信守的承諾、你的恐懼，與將奪眶而出的淚水。我會成為一道光，透過它，你可以在拒絕的心碎後找到上帝的希望。」

當我剛開始撰寫《不請自來》的時候，我很高興能和別人談論我是如何從過去種種拒絕中痊癒。但是，當我因為這麼新的傷口而感覺徹底被摧毀時，我又該怎麼談論「遭拒絕」這件事呢？

我盯著一頁一頁、排列成行的電腦打字。

我想要一切都消失。

包括這本書。

遭拒絕的經驗。

和這一切的時機。

是的，特別是時機。這看來根本就是一種殘酷的諷刺劇。

最瘋狂的是，在這場災難發生的前幾個月裡，我一直聽到上帝對我說的是：「相信我的時機」。

但這時機似乎令人非常困惑。這時機讓我強烈意識到：無論我如何計劃事情，我都無法控制結果。無論我以為有多瞭解自己生命中的人，我還是無法控制他們。無論我如何乖乖遵守規則、做正確的事、全心全意地服從上帝，我還是無法控制自己的生活。我無法控制上帝。

要打出以上這些字，真的很難。

因為我不想控制上帝。

但其實我這麼做了。

當祂的時機看似有問題時、當祂不出手干預看來會造成的傷害時、當祂的應許似乎令人懷疑時，我會害怕，我會困惑。充滿這些感受的我不禁感到失望：上帝沒有做我認為一個好上帝應該做的事。

我希望上帝預見「拒絕」衝著我而來時，應該要阻止我寫這個主題。或者，更好的情況是：我希望上帝會出手干預，在一開始就防止這種拒絕發生。我希望祂不離不棄的承諾代表的是祂會在我身邊，像一個超自然的盾牌，防止所有可怕的事情發生在我和我所愛之人身上。

我希望我對「最好」的定義應該就是上帝對「最好」的定義。我對「好」的定義應該是上帝對「好」的定義。

我想根據自己預設的立場寫下我的人生故事。

因此，我不可能逃避「我不想放棄對上帝的控制」這個事實。我想從上帝手中奪取控制權。然後我做出了最危險的假設：我一定可以做得比上帝更好。

我想當然，我不會用語言表達任何這些想法，但想法確實存在。我想像撒旦站在那方，引誘我過去。他一手寫著「控制」，另一手寫著「失望」。他伸出寫著「控制」的那隻手說：「掌控自己的生活，別再遵循上帝的規則了，當你掌握控制權時，你將能夠得到被上帝否定的一切。」他又伸出另一隻手，開始指出我生命中的許多失望，質疑我：「為什麼上帝會不讓你擁有好東西？這個上帝的限制也太多了吧？他的規則實在不適用於你的情況。你自己很清楚。」

每次我遇到「無法控制他人、狀況與時機」時，都會發生失望。如果我可以控制所有這些東西，就可以安排自己的完美版本。我會成為自己人生以及生活中所有一切的主宰。

我會做出跟亞當、夏娃一樣的事情：和自己的慾望陷入愛河。我會因一個充滿毒藥的謊言而出賣靈魂。

我以為能給自己帶來更好生活的東西，正是最終會讓我傷心的事情。

看看夏娃身上發生的危險進展：

在〈創世記〉第2章16節中，上帝告訴亞當，不要從知善惡樹上吃果子的規則時，他所說的前幾字是：「你可以隨意……」上帝給了他一個帶有限制的自由，藉此保護他。

【譯註】耶和華神吩咐他說：園中各樣樹上的果子，你可以隨意吃，（創世記 2:16）

但當蛇對夏娃引用這條規則時，牠卻改變了上帝對「隨意」的用語，變成完全沒有自由的純粹限制。在引用上帝的話時，蛇的前幾個詞是「不許你們吃」（創世記 3:1）。然後他誇大了規則，說亞當和夏娃不能從園中任何一棵樹上吃果子。

【譯註】耶和華神所造的、惟有蛇比田野一切的活物更狡猾。蛇對女人說，神豈是真說，不許你們吃園中所有樹上的果子麼？（創世記 3:1）

夏娃聽到這個錯誤，糾正了蛇；但她又加上自己的限制條件，完全誤解了上帝的規則：「園中樹上的果子我們可以喫，惟有園當中那棵樹上的果子，神曾說：你們不可喫，也不可摸，免得

你們死。」（創世記3：2-3）

上帝從未說過任何關於摸果子的事，當然也沒有提到摸果子是否會死。

她自己假設了這一點。

請看這個假設有多麼危險。她自己建立了一套想法和假設。這讓她懷疑上帝，並想要掌握控制，以得到想要的東西——她認為最好的東西。

然後，你看到蛇是如何借題發揮的了嗎？「你們不一定死，因為神知道，你們喫的日子眼睛就明亮了，你們便如神能知道善惡」（創世記3：4-5）。

換句話說：「夏娃，想跟上帝一樣並不是件壞事，對吧？祂為什麼不讓妳這麼做呢？」

我不想幫她擬出一個在經文中沒出現的想法，但她的不服從似乎點出了，我不喜歡上帝計劃時同樣的掙扎，認為我一定可以做得比上帝更好。

〈創世記〉第3章6節說：「女人見那棵樹的果子好作食物，也悅人的眼目，且是可喜愛的，能使人有智慧，就摘下果子來吃了……」

請不要忽略這個過程：在她吃之前，她摘了它、摸了它，而她沒有死。

接著她吃了它，並分了一些給旁邊的亞當——他看到夏娃摸到果子後並沒有死，所以也吃了一些。然後罪惡隨之登場。

看到了嗎？錯誤的引用及誤解上帝的指示有多麼危險！夏娃假設她在摸到果子時會死，而結果似乎證明上帝錯了。這強化了蛇所說「她可以像上帝一樣」的謊言。她沒有死，所以，也許她認為自己更行。這種非常危險的看法助長了下一步吃果子的合理性。這就是罪惡的進展。這不僅僅是夏娃和亞當的個人悲劇，也為人類帶來可怕的事實。

完美遭終結。

詛咒開始了。

後果被釋放出來。

他們被趕出伊甸園。

精神上的死亡是立即發生的。

肉體的死亡是未來終將來臨的。

他們來自塵土，現在又回到塵土中。

但好消息是：即使我們遵循夏娃的腳步，當我們試圖控制並對上帝做出假設或誤解時，祂仍然有一個計劃。一個好的計劃。從塵埃中塑造東西的計劃。

最終我們會明白，上帝沒有不讓我們得到最好的。祂提供自己，就是提供我們最好的了。在永恆的這一面，祂是我們唯一的完美泉源。他看到了利用我們塵埃的完美計劃。

我們可能會害怕在這個破碎世界中面臨各種失望，但上帝並不害怕。祂清楚知道，也非常了解祂的終極計劃和目的，不是為了讓我們不破碎，而是要讓我們的靈魂連結，與祂緊密聯繫在一起。

說實話，如果沒有失望，我們就會滿足於這個世界的膚淺樂趣，而不去處理我們靈魂的靈性絕望。東西壞了，我們才會意識到要修理；即便如此，我們仍要等到意識到自己不能解決問題並屈服時，才會請求專家協助。如果我們的靈魂從未因失望和幻滅而痛苦，就永遠不會完全承認並屈服於我們對上帝的需要。如果我們沒有被打破過，就永遠無法感受窯匠的輝煌之觸；祂能從塵土、從我們之內創造出光彩奪目之物。

我花了很長時間想要靜下心來閱讀《不請自來》的前兩段。讀完幾頁之後、又再讀完前幾章。淚水從我臉上滑下，滴在衣服上。我將鬆散的紙張壓在胸口。

上帝在去年讓我寫下的這本書，是今年的我非常需要讀的一本書。
那個我想像的讀者，就是我自己。
也許這本書的時機和主題不是殘酷的諷刺。
也許對我和我所面臨的狀況，以及對很快將與這本書相遇的讀者而言，這正是最恰當的事。
也許我自己遭遇拒絕的「新鮮感」會讓我即將傳達的這些訊息更加真實。我不僅是根據過去的經驗作出分享，而且還有更深刻的體悟，明白這療癒的過程會多麼痛苦。
若不是這項體悟，我所寫的故事會很不一樣，我會避免看起來像塵埃的東西，這是人之常情。
讓我們重溫一下之前寫的那段話：
當祂的時機看似有問題時、當祂不出手干預看來會造成的傷害時、當祂的應許似乎令人懷疑時，我會害怕，我會困惑。充滿這些感受的我不禁感到失望：上帝沒有做我認為一個好上帝應該做的事。
要被粉碎為塵埃這件事，似乎沒有所謂正確的時機。
無論上帝提出什麼計劃，我都無法欣然接受「要被打成黏不回去的碎片」這件事。
我就是不願意。
這將是多麼悲劇性的事。我想要控制事物的心，會阻止上帝將我變成祂迫切渴望為我更新所需的塵土。這不是祂所有承諾取決的關鍵嗎？從老變新；從死中復活。從惡中得到善，將黑暗轉

如果我想要祂的應許，
就必須相信祂的過程。

向光明。

如果我想要他的應許，就必須相信他的過程。

我必須相信，先要變成塵埃，然後才會製造出更好的東西。上帝永遠不會拋棄你，但祂需要無所顧忌地來重塑你。

如果「失望」其實是讓你的靈魂徹底遇見上帝的門票呢？

回歸源頭

塵埃並不意味著結束。它往往是新事物開始時必須要有的東西。

謹記

- 我們生活在一個破碎的世界，在這裡，破碎的事總會發生。
- 塵埃是上帝喜歡使用的成分。
- 上帝的語言是以「自由」為出發點；撒旦的語言是以「限制」為出發點。
- 在永恆這一面，祂是我們唯一的完美泉源。祂看到了利用我們塵埃的完美計劃。
- 如果我想要祂的應許，就必須相信祂的過程。
- 上帝永遠不會拋棄你，但祂需要無所顧忌地來重塑你。
- 如果「失望」其實是讓你的靈魂徹底遇見上帝的門票呢？

接收

耶和華啊，現在你仍是我們的父！
我們是泥，你是窯匠；

我們都是你手的工作。

（以賽亞書 64:8）

其他參考經文

創世記 2-3

耶利米書 18:6

約翰福音 9:5

哥林多後書 5:1-5

啟示錄 21:5

反思

- 你的生活在什麼時候感覺像是被粉碎的塵埃？
- 你對亞當和夏娃不服從的故事有何共鳴？
- 你希望在哪些地方能有新的開始？
- 你願意以何種方式信任上帝對你生命的安排？

天父：

這個世界是破碎的，在這裡，破碎的事情總是會發生——的確如此。即使這樣，當心碎成為我故事的一部分時，我仍不禁感到徹底粉碎和幻滅。我不喜歡這樣——我不喜歡塵埃。但塵埃是你在製作新東西時最喜歡的成分之一，我相信祢正努力在我生命中做這件事。我知道你永遠不會拋棄我，但祢會毫無顧忌地重塑我。謝謝祢。

奉主耶穌基督的名禱告，阿們！

第三章 然而，我要如何撐過接下來的 86,400 秒？

好，塵埃就是我要面對的事實。光榮的改造正在前方等著我。但是，我們要如何解決今天的痛苦呢？因為今天有 86,400 秒要撐過去。「那麼，幫助我今天不受傷害的計劃是什麼？」我直視著諮商師，努力讓自己不要眨眼。

我想要一個按部就班的計劃來幫我度過這一切。我想要得到保證：只要我遵守那個計劃，痛苦就會消失。如果他不能給我這些，那麼我想要一顆藥丸，幫助我在未來的一年沉睡，在這一切的另一邊醒來，然後一切都奇蹟般地修復了。

我總是想要沒有痛苦的神奇修復。

就在幾天前，我在 Instagram 上發布了一張圖片。我滿身汗水，但不像那些運動服廣告中完美修圖的運動女生一樣揮灑汗水。那些女生跳躍障礙、跑馬拉松或參加飛輪課，臉上帶著微笑。她們的汗水在超級健美的肌肉上閃閃發光，似乎尖叫著：「我不吃披薩，我為運動而活，我甚至不用穿任何塑身衣。」

真棒。我和那個女孩的相似之處，是零。

我的汗水像在說：「給她點個讚吧。她努力了。」我的化妝品沾滿全臉各處。彩色的眉筆色料滴落在臉頰上，那真是太有魅力了。

所以，我為這張照片加了這樣的標題：「運動中。有哪個好心人可以發明一台機器，讓我只要躺下來就好，讓它移動我的身體、燃燒所有的卡路里，並在我的耳邊低語，我等一下看起來會有多棒？！」超過三百人附和，要我在找到這台機器時務必告訴她們。因為，嘿嘿，我們都希望快速的結果，無痛的最好。

我的諮商師沒有給我一個快速的解方。我確定他很想要這麼做。我敢肯定他很希望有修復配方，可以撒在我和我那五百張擤滿鼻涕的面紙上，一點也不誇張。我在某些諮商過程中哭得很厲害，我會將面紙的角扭成錐形，插入鼻孔中，以防止鼻水流下來。當我的手將面紙壓在鼻子上時，並不會那麼引人注目；但是我個人的生動表達風格，不可避免地使我在某些激動時刻必須要用雙手來加強語氣。這時，那插在鼻孔裡的錐形面紙就會垂掛在臉上。

你知道和齒縫裡有東西的人談話，那種尷尬的感覺嗎？你很難專注於對方所說的話，因為會心想：「天啊，妳不知道自己現在看起來有多荒謬吧，我實在很想告訴妳，但我又默默希望妳的舌頭會搆到那玩意兒，順勢讓妳把它給吞了。」

我確信我講的話，諮商師有一半沒聽進去，因為他會心想：「天啊，妳不知道當妳鼻孔垂掛扭曲的面紙時，諮商師要維持同感狀態有多困難嗎？！」

我們避免疼痛的時間越久，痊癒的時間就會越延長。

總歸，是的，我知道他想解決我的很多問題，特別是我「希望狀況馬上變好，拒絕接受療癒需要時間」的態度。

我知道上帝最終會讓一切都好。

事實上，我知道上帝會從我的塵埃中創造出美好的新事物；我只是不知道如何在日常生活中正常運作而不崩潰。我會把頭壓在雜貨店的香蕉展示架上，整個人像是報廢了一樣，呆站在購物車旁，帶著一顆充滿痛苦的心，整個臉壓在展示架上。一個青少年店員看到我那樣，無法理解我在幹嘛。我想他應該以為我有挑選水果的困難，所以好心的他開口問道：「需要幫忙嗎？」我轉過臉朝他，淚水湧了出來。我唯一能想到要說的話是：「我需要一張面紙。」

無論你是諮商師、還是雜貨店裡薪水過低的水果小弟，要面對情緒如此氾濫的人，還要目睹大批扭曲的面紙，那都是非常耗盡心力的。

我的諮商師終於告訴我那個壞消息：我所面對的心碎婚姻問題，真的沒有簡單的解法。我只能一一去面對，而且過程會很痛苦。

去感覺疼痛是治癒疼痛的第一步。我們避免疼痛的時間越久，痊癒的時間就會越延長。我們可以自我麻木、忽略疼痛、或假裝它不存在，但這些選擇最終將導致崩潰，而不是突破。

痛苦的感覺就像汽車儀表板上的警示燈。燈亮了表示出了問題。我們可以否認它、可以忽略它。我們可以假設它是操作面板的一點小故障；我們甚至可以去找技師，請他關掉那煩人的小閃燈。但如果他是一個好技師，他會告訴你，選擇不去理它是很不明智的，因為如果不注意它，很快就會遇到故障狀況。警示燈不是想惹惱你，而是試圖保護你。

面對痛苦時也是一樣的。正因我們感受到痛苦，才不得不放慢腳步，慢到足以解決表面下真正發生的問題。

我不知道你今天經歷了多少痛苦。但我在想，不管它是什麼，一定有一些「失望」的影子。你沒想到生活會像這樣、不認為情況會是這樣的。你不認為自己會這樣、不認為他們會這樣。你不認為上帝會這樣。

根據疼痛程度不同，人們會使用不同的詞語來描述那種感受，也就是我在這些篇幅中使用的各種詞彙：幻滅、毀滅、失望、或被逼到完全沮喪的邊緣。無論是什麼，所有這些感受的根源都可以追溯到「失望」。你想表達自己的人生經歷與期望有所不符。

那些感覺很痛苦。而那種痛苦必須得到解決。

去年夏天，上帝讓我以一種非常戲劇性的方式認清這一點。

去年六月的某個星期一，我像平常一樣醒來，以為就只是另一個尋常的星期一。但一切都不尋常。我覺得好像有刀子在我身體內部無情地刻著。一陣又一陣的反胃讓我痙攣，渴望得到解脫。我試著下床，但整個人垮掉了。我大聲尖叫。

我的家人急速送我到急診室，希望能在這裡找到一些解脫和幫助——但經過了令人難以忍受、筋疲力盡的五天之後，才真正得到舒緩。我無法想像自己怎麼能再撐過一個小時、更別說一天了；甚至再撐過六十秒有多痛苦，我都無法想像。過去，我從未絕望地把死當作解脫的唯一選擇。但是躺在加護病房裡，腹部每個小時都越來越膨脹，各種管線進進出出我那拒絕運作的身體，止痛幫浦已設定為最高劑量，卻仍然無法緩解疼痛……這一切都使死亡這個選項看來非常吸引人。

星期日，我度假完回到家，覺得一切都好；而星期一，我卻躺在加護病房，因淚水和汗水而全身溼透。

這到底是怎麼一回事?!雖然我的胃部多年來一直有不同程度的反覆疼痛，但疼痛總會消失，我以為只是吃了什麼不乾淨的東西、或是某些小病毒造成的，所以通常忽略不管。但此刻的痛苦讓我無法忽視。它吞噬了我。

起初，我的心智根本無法理性思考。我太驚慌失措了，試圖找出立即緩解痛苦的方法。我完全處於緊急狀態；但當恐慌開始讓位於絕望時，我呼求上帝幫助我。「把痛苦帶走！親愛的上帝，請把這種痛苦帶走！」

但祂沒那麼做。那一刻沒有、下一刻沒有。甚至第二天都沒有。

祂的沉默使我震驚。

上帝怎麼可以這樣？祂怎麼能讓我躺在那裡痛苦不堪，卻還稱我是祂深愛的女兒？我也有孩子，如果我可以帶走他們的痛苦，我絕對毫不遲疑。上帝可以做到這一點。但祂選擇不這樣做。

C.S. 路易斯（C. S. Lewis）寫道：「我相信基督教，就像我相信太陽升起了：不僅因為我看到了它，而且因為我因此看到了其他一切。」[1]

我很喜歡這句話，絕對值得放到臉書上。但是在我身躺醫院病床的狀況下，當疼痛的黑暗似乎阻擋了任何一絲光線時，一種叛逆的質疑在我腦海裡響起：現在，你倒是說說你看到了什麼？

我看到痛苦。我看到自己拚命向上帝呼喊。我沒有看到任何能證明上帝對我的呼救做了什麼回應的證據。我眼見痛苦的幾分鐘變成了幾個小時、然後又變成了幾天。我看到醫生撓頭不知所措。我看到我的母親眼裡含著淚水。我看到家人的恐懼，看到朋友眼中的困惑。

但我沒有看到上帝對此做任何事情。

我們一直受到鼓勵要與上帝保持好關係，但在這種狀況下，祂的反應不是令人困惑嗎？「好

1 C. S. Lewis, "Is Theology Poetry?" in The Weight of Glory: And Other Addresses (New York: HarperCollins, 2001), 140.

關係」不是意味著你應該在對方需要時出現嗎？

很少有事情會比「愛我的人令我失望」對我造成更大的影響。

但是，「在我最需要的時候，上帝似乎沒有出現」這種等級的失望怎麼算？

那摧毀了我的靈魂。

我並沒有期望上帝解決我的情況，但我確實期待他做點什麼。

我一直想著祂站在我的床邊，看到我的痛苦、看著我的身體因痛苦而扭動、聽到我的哭喊，而祂選擇什麼也不做。我無法說服自己接受這種矛盾。

這就像是當我聽到有嬰兒胎死腹中、有年輕母親死於癌症、有少年自殺、有人在難民營中受苦、或是在第三世界國家有人挨餓時一樣，心中難以理解、難以說服自己。

上帝，你在哪兒？

我的意思是，任何有一點同情心的人也會覺得需要做一些事，來幫助另一個身陷痛苦的人。

幾年前，我和丈夫目睹了一場可怕的車禍。我們不經思考，直覺就是立即前往協助。我開始禱告，而亞特從卡車上跳下來，跑到其中一輛車旁邊，把失去意識的駕駛拉離冒煙的殘骸。現場到處都是血，地上佈滿了碎玻璃和金屬碎片。做這些事是不能保證安全的，但是內心的某種聲音要我們停下來。

我們根本不認識這些人，甚至不知道他們的名字。

但我們不能只是開車經過而什麼都不做。我無意自吹自擂，說我們是什麼大聖人；我想說的是，儘管我們不完美，還是會受到驅使，去幫助別人。

那麼，一個完美的上帝怎麼能在這些時候保持沉默？

我們基督徒用聖經經文、佈道以及好意的口頭禪，去包容無法解釋的恐怖事件；但我們大腦有些部位並沒那麼好說服，我們仍會目光傾斜地撓撓頭，百思不得其解。上帝啊，這真的太不合理、太矛盾了。我如何能眼見所有這些毫無意義的痛苦，然後仍高唱你是一個好天父？這替懷疑的火焰增添了許多燃料，真的讓我很想哭。我不想質疑祢，但是當我徹底失望時，這一點真的很難做到。感覺祢並沒有出現在這裡。

在經過我生命中最長和最痛苦的五天之後，另外一位醫師來到我的病房，身穿手術服並準備動手術。他在進行最後一項檢查後，終於得到了一些答案：我的結腸右側已從腹壁撕裂並扭曲纏繞在左側，血流完全被切斷。我的結腸從正常的直徑四公分擴張到十四公分以上。當結腸擴張到大約十公分時，就已經處於破裂的危險之中；而在那個時候，我會感受到劇烈疼痛得到緩解。也就是在這個時候，許多患有同樣病症的人會感覺到極大的解脫並沉沉入睡。然後，他們會開始變成出現敗血症狀，最後死去。

外科醫生解釋說，他需要儘速安排我進行緊急手術，摘掉我的大部分結腸。他希望能夠保留足夠的結腸，讓身體最終能夠恢復正常運作，但他不確定能否做到。他甚至不確定我是否能撐過手術。

我帶著這個令人生畏的消息，抱了抱我的家人，和牧師一起祈禱，然後被推進外科手術室。

幾週後，在我出院休養之時，醫師打電話給我。他拿到移除腫瘤的檢驗報告，確認不需要再做進一步的治療。然而，即使是行醫多年的他，也無法理解檢驗報告中令人震驚的部分。

他說：「麗莎，我真的不喜歡人們濫用『奇蹟』這兩個字。但老實說，在你的狀況中，我唯一能用的說法就是這兩個字。妳結腸中的細胞本來已經處於自體分解狀態。這表示你的大腦已經開始發出信號給身體，開始進行自我消化。那是種「分解」，是在人死去時會發生的現象。麗莎，你不可能比那更接近死亡了。你是如何撐過這些活下來的，我還真無法解釋。」

我掛上電話，心中無比震驚。我突然想到手術前的那幾天，當我乞求上帝帶走痛苦時。我因為痛苦而質疑上帝，我想知道上帝怎麼會讓我陷入如此痛苦的境地。我哭喊著，覺得上帝不知何故竟然如此不關心我的痛苦。

但最終，上帝竟是用我的痛苦來拯救了我的生命。

痛苦是讓我留在醫院的原因，是使我要求醫生進行更多檢查的原因。那種痛苦迫使我要解決身體內亟需注意的問題，也是讓我允許外科醫生將我腹部切開的原因。痛苦是幫助拯救我的原因。

如果上帝帶走了痛苦，我就會回家。然後，我的結腸會破裂、身體會開始受到感染，出現敗血症狀，最後死亡。

現在，對於「上帝站在醫院病床旁邊，看著我痛苦不堪、看著我求祂幫助我」這個畫面，我有了不同的觀點。祂並沒有忽略我。不，我相信是祂強烈的神性，使祂忍住不介入。祂太愛我了，以致於不能回應我的要求。祂知道我所不知道的事情，看到了我無法看清楚的事情的全貌。祂的仁慈如此偉大，祂的愛如此之深。

確實，祂是一位良善偉大的好天父。我的結腸出現問題有一段時間了。我的胃疼已經有一陣子了，但那種疼痛並沒有嚴重到迫使我解決表面下發生的事情。

這不僅僅在身體疼痛時適用，在情緒痛苦上也同樣適用。上一章提到的情緒痛苦也是醞釀了好幾年的事情，但我無法明確指出哪裡不對勁。我不是很確切知道自己面對的是什麼。我發現有些事情不太對勁，卻又說不出確切問題。一旦真相浮出水面，痛苦是如此激烈，讓我再也無法忽視它。我必須要做點什麼。我需要上帝的幫助。

而上帝渴望幫助我們。

停下來，把這句陳述套用在自己身上。請大聲說出來：「上帝渴望幫助我。」

現在，請將這句宣言放在「上帝如何渴望幫助我們」的脈絡之下。上帝渴望幫助我們的事情有很多，但在這一切的核心，祂渴望幫助我們完成「更像基督形象」的過程。祂是我們在「神聖信仰」和「人性情感」間好好拉扯的終極榜樣，所以我們越是像祂一樣，就越能學會信靠上帝，無論我們肉眼所見。

基督在肉體的時候，既大聲哀哭，流淚禱告，懇求那能救他免死的主，就因他的虔誠蒙了應允。他雖然為兒子，還是因所受的苦難學了順從。他既得以完全，就為凡順從他的人成了永遠得救的根源（希伯來書 5：7-9）。

請不要急著跳過這個令人心碎的事實。耶穌從祂所受的苦難中學會了順從。祂完全是上帝、也全然是人。祂的神性已經完整；但祂的人性不斷成長、成熟，並學會了如何順從。

要與人類一起生活，需要很大的順從，因為人類是如此善變、健忘、不尊重、不信任、固執而驕傲。要去愛那些向祂吐唾沫、嘲笑祂、並以各種方式冤枉祂的人，需要很大的順從。為這些人——為所有人、為你為我走上十字架，需要很大的順從。

祂的人性受了苦。真正的受苦。請聽這個現實中最原始的焦慮：「祂大聲哀哭，流淚禱告，懇求那能救他免死的主。」

祂的人性說，請不要讓我死。

祂的人性為另一個不同的東西而哭泣。

祂的人性以另一種方式懇求。

但是祂從受苦中學到的這種順從，超越祂肉眼所見，驅使祂信靠上帝。

噢，親愛的上帝，請幫助我相信祢，超越我的肉眼所見。由於無法控制的風在我周圍鞭打、痛擊著我，我需要一些東西讓我有所依據。請幫我穩住。當一切支離破碎時，請幫我穩定為一。我想要相信祢，超越我的眼睛所見。

你能想像嗎？如果我們能夠真正信任上帝，可以減少多少的焦慮、恐懼、煩憂和心碎？我指的不只是身為基督徒而嘴上說說的那種；也不是因為讚美詩歌說要信上帝，就跟著複誦而已。我是指要有一個標記性的時刻，一個我們可以具體指出，且活生生的時刻，用來提醒自己：那種痛苦、那種失望、那種狀況，曾使我們宣示要信靠上帝。

耶穌有許多標記性時刻。我們經常讀到耶穌如何離開去禱告並與天父同在。祂面對了一些事情，使他與祂父親共有標記性時刻，用祂的人性欲望換取上帝的旨意。〈馬可福音〉第14章中有個令人難忘的標記性時刻，祂向上帝說：「求你將這杯撤去」，祂的人性部分想要一個不同的計劃，但祂以信靠上帝的終極宣示來聲明祂的要求：「然而，不要從我的意思，只要從你的意思。」（馬可福音 14：36）。

耶穌在教導我們禱告時，再次示範了如何在日常生活中建立標記性的時刻。

所以，你們禱告要這樣說：

我們在天上的父：
願人都尊你的名為聖。
願你的國降臨；
願你的旨意行在地上，
如同行在天上。
我們日用的飲食，今日賜給我們。
（馬太福音 6:9-11）

這就是順從。這就是信任。順從是信靠上帝的日常實踐。因此，想要取得「對上帝的信任」——我們在兩個花園間的中間地帶生存、發展所必須要具備的——唯一的方法就是透過我們受苦之事。

「受苦」這件讓我們懷疑上帝很殘忍、質疑上帝是否善良的事，也是在醫院病床上的我無法理解的。我永遠不希望那是上帝計劃中的一部分。不管是對我、對你、或對任何人類。

但最瘋狂的部分就在這：上帝不希望你或我受苦。但祂會允許痛苦一點一滴發生，藉以增加我們的信任。那些痛苦不是為了傷害我們，而是為了拯救我們。為了拯救我們脫離自我依賴、自我滿足、自我陶醉，以及可能帶來最大痛苦的陷阱——遠離上帝。

想想為什麼我們會把跑越馬路的孩子猛拉回來。最初的猛然急拉可能會讓孩子感到痛苦和困惑。但是，那種微小的痛苦是為了拯救孩子，免於遭受汽車撞擊那更嚴重的痛苦。我的結腸狀況給我帶來了很大的痛苦和困惑。但是，那是為了帶來更大的福祉：拯救我免於結腸破裂和可能的死亡。

相信上帝，就是相信祂的時機，以及他採用的方法。上帝太愛我了，所以祂只會選擇在正確的時機、以正確的方式來回應我的祈禱。祂看似不合理的緘默，其實隱含真理。

當我把這段話再說一遍時，我今天的痛苦就沒有那麼激烈了，因為這個真理讓我感到平靜。上帝太愛我了，因此祂只會選擇在正確的時機、以正確的方式來回應我的祈禱。

這並沒有改變我希望這所有一切都消失的事實。我想要快樂，想正常過生活，我想要輕鬆。我想要明天早上醒來時丈夫摟著我，向我保證這一切都只是惡夢。這就是我想要的，因為這些是我唯一能想到的好計劃。

然而，上帝看得到我看不到的東西。祂知道我不知道的事情。只有上帝知道什麼是好的計劃，以及如何將我帶到那裡。

最重要的是，祂知道，如果我看到前方的道路，就會在中途停下來，不願意繼續祂的計劃。我會認為那成本太高、路徑太嚇人、太令人生畏、敵人太可怕了。人們不夠堅強，很難承受事先看到過多的「神計劃」。這些計劃每天只能揭露一點點，我們只能接受引領，慢慢地完成。

耶穌是向我們展示道路、真理和生命的完美人物。祂了解一天 86,400 秒有多難熬。在我們痛苦的時候，上帝並不光是退後一步說：「嘿！祝你好運。我討厭看到你身陷痛苦，但這就是生活在罪惡世界的日常。撐著點。好好處理。最終，我會用這一切做點好事。」

不是。

上帝派了祂的兒子耶穌來親身提供幫助。

耶穌被賦予跟我們一樣的人性。祂來感受我們所感受的，像我們受傷一樣地受傷；像我們受苦一樣地受苦；像我們被試探一樣地被試探。祂來打敗我們害怕的東西，讓我們擺脫罪惡和死亡的詛咒，帶領我們穿越位於兩個花園中間的這段人生。

兒女既同有血肉之體，他也照樣親自成了血肉之體，特要藉著死敗壞那掌死權的，就是魔鬼，並要釋放那些一生因怕死而為奴僕的人。所以，他凡事該與他的弟兄相同，為要在神的事上成為慈悲忠信的大祭司，為百姓的罪獻上挽回祭。他自己既然被試探而受苦，就能搭救被試探的人。（希伯來書 2:14-15, 17-18）

上帝太愛我了，
因此祂只會選擇在正確的時機、以正確的方式來回應我的祈禱。

不要錯過下一節經文！下一句話！這是我們的答案，適用於站在水果攤，內心痛苦到無法忍受時；或者，躺在病床上，只能盯著困惑的醫生和一個無法稍減抽搐胃痛的幫浦之時。

我們不需要盯著困惑的水果攤店員或困惑的醫生。我們有個地方可以看，我們有位救主可以期待。

同蒙天召的聖潔弟兄啊，你們應當思想我們所認為使者、為大祭司的耶穌。（希伯來書3:1）

要將思緒定在耶穌身上的方法就是閉上眼睛，宣示我們對上帝的信任來標記這一刻。像耶穌一樣大聲向上帝宣告：「不要從我的意思，只要從你的意思」。不再嘗試理解人生旅程中無法理解的那些事情，停止要求得到對我們來說過於沉重的知識。

這就是為什麼上帝不希望亞當和夏娃從知善惡樹上吃東西。它給予他們的知識，是上帝從未希望他們承受的重擔。也許這就是為什麼，我們對於自己處境沒有一切解答。上帝並不是想要與我們保持距離或搞神秘、或故意讓我們難以理解。祂是出於仁慈。

我們不必知道計劃的內容，也能信任祂有所計劃。

我們不一定要感覺很好，也能信任好事將臨。

我們不一定要看到改變的證據，也能信任事情不會總是如此艱困。

我們只需要閉上眼睛，將思緒轉向耶穌，將思緒定在祂那裡，一遍又一遍地說祂的名字。上帝不想被下過多的解釋。祂想受邀於我們之中。

而現在祂正在尋找某個、任何一個，真正在呼求祂的人。

在這個殘酷而瘋狂的世界中，你會成為世上一個勇敢信靠並呼喚耶穌之名的人。你在學習失望並不是逃跑的理由，而是你轉向不同道路的原因——一條很少人發現的道路。

請轉移你「想要知道所有答案、想看到太多計劃、想承擔不應承擔之重」的深切欲望。

請做出與夏娃不同的選擇。她以自己的方式要求立即得到所有知識，卻無視上帝的方式。真希望她注意到的是另外一棵樹：生命之樹。上帝最好的方式和完美供應的樹，就在她的眼前。她是有選擇的。

我們也一樣。

經文提醒我們：「所盼望的遲延未得，令人心憂；所願意的臨到，卻是生命樹。」（箴言 13：12）。

茅塞頓開。

知善惡樹可能不在我們今日的肉眼視野之內，但撒旦絕對正在利用那種失望感，「所盼望的延遲未得」這種失落感。他希望我們被未獲滿足的期望所吞噬，讓心病越來越嚴重。他希望我們的內在自我對眼前的狀況、其他人以及上帝越來越失望。他希望我們的痛苦越來越強烈，到完全忽視耶穌的程度，讓死亡成了有吸引力的選擇。

然而耶穌說：「不要拒絕我的傷口，這是我渴望給你的醫治。夏娃轉向錯誤的樹，得到死亡之果。我掛在樹上讓你回復生命。我是你渴望的實現。我是你的生命之樹。」

牧師查爾斯．司布真（Charles Spurgeon）曾在傳道時這麼說：「親愛的朋友們，除非你先看十字架，否則永遠不會正確看到生命之樹……因此，耶穌基督掛在十字架上，就像是冬天裡的生命之樹。」[2]

在世上所知最黑暗的時刻，耶穌死在十字架上、在樹上，如加拉太書（新生活版英文翻譯本）第3章13節中所述。正如同我們知道冬天樹木只是「看起來」像是死了，同理，當耶穌被釘在十字架上時，其實有個救贖的轉變正在運作。

今天你的生活或許一片黑暗，但請不要會錯意了，其實有個強勁的工作正在發生。

耶穌正在將你的傷害轉化為智慧。而這種智慧將成為生命！耶穌對我們說：「你所渴望的事物中，沒有什麼比得上這個智慧。我會把你的痛苦轉為和平，把心碎變成榮耀。這將是值得的。」

2 C. H. Spurgeon, “Christ the Tree of Life,” in The Metropolitan Tabernacle Pulpit Sermons, vol. 57 (London: Passmore & Alabaster, 1911), 242, 245.

所以我離開雜貨店的水果攤，向店員道歉。我不需要答案，我需要耶穌。此刻，我需要祂的智慧作為生命中最響亮的聲音。我需要祂的真理清理我的傷口。我必須停止自己所有的評估和假設等瘋狂舉止。上帝賜給我們的，正是讓我們的靈魂得到保證。

當我們不明白、無法理解，特別是當我們失望的時候，更是如此。

但請別誤會了——我無意表示一切都如此簡單不紊。疼痛仍然會傷人。

有其他和我有同樣緊急醫療情況的人沒有活下來。在這一秒鐘，世界各地還有許多其他恐怖、心碎以及不人道的情況正在發生。無法解釋、深不可測、而且無法形容的痛苦。

我只消站在我姐姐的墓地前，就會想到，這一切都不容易、也沒有條理可循——她走得太早、太痛苦了。有些事情不會在永恆的這一面得到修復，就是要靠我們自己走過去。

但是，當我的大腦要求我懷疑上帝——它一定會這麼做——我會放下人類慣性的評估和假設，藉此擺脫「不信任」。我將視線從知識樹移開，將目光投向了生命之樹。我讓靈魂被神的神聖承諾擁入懷中。祂是完全懂我們的聖子，如果我把注意力集中在祂身上，祂將會帶領我，一步一步地度過這一切。

這就是我撐過「今天」這 86,400 秒的方式。

回歸源頭

上帝太愛我了，因此祂只會選擇在正確的時機、以正確的方式來回應我的祈禱。

謹記

- 上帝最終會讓一切都好。
- 我們避免疼痛的時間越久，痊癒的時間就會越延長。
- 上帝不想被下過多的解釋；祂想受邀於我們之中。
- 失望不是逃跑的理由，而是你轉向不同道路的原因。
- 放下人類慣性的評估和假設，藉此擺脫「不信任」。

接收

所盼望的遲延未得，令人心憂；所願意的臨到，卻是生命樹。（箴言 13：12）

其他參考經文

箴言 13：12

馬太福音 6:9-11

馬可福音 14:36

希伯來書 2:14-15, 17-18; 3:1; 5:7-9

反思

- 你有哪些禱告似乎沒有得到上帝的回應？
- 你如何邀請主進入你日常的各種狀況中？你向祂靠近時能得到什麼改善？
- 上帝在你的生活和處境中有力地運行。若你在今天擁抱這項真理，會產生何種景況？

天父：

祢實在非常好。祢是可以信任的。請幫助我，透過宣示對你的信任，來標記今天這個艱難時刻。今天我所面對的，不僅是我肉眼所看見的而已。當我的痛苦感覺太深，不認為可以再多受苦一秒時，請幫助我明察祢的計劃和保護。請幫助我明白：自己不瞭解一切，藉此將我的不信任轉化為美麗的解脫；我只需要將思緒定在耶穌以及祂如何引導我之上。我把這個時刻標記為一個信任的時刻。我宣示我不必瞭解一切，我只需要信任。奉主耶穌基督的名禱告，阿們！

第四章　曬黑的雙腳

前幾天，有人跟我說我的腳曬黑了。我不知道該回些什麼。說「謝謝」似乎很尷尬。我的意思是，這句話可能的意味有很多，我不確定對方是否是在間接詢問我是不是很久沒有洗腳了，所以其實是髒而不是黑？還是他們認為我可能冒險走出框框了，拿棕褐色的人工日曬劑噴在腳上？又或者是我的腳因為長時間沒有穿鞋，所以被太陽曬黑了？

答案是最後一個。

因此，我只是簡單地回答：「當你的生活不需要鞋子時，腳自然就會曬黑。」

我不希望自己的語氣像是在自怨自艾或是有什麼深遠的涵義，我只是實話實說；我倆當下或許都沒意識到這個回答有多誠實深切。我們之間冒出些緊張的笑聲，然後彼此輪流為我祈禱，腳的話題就此結束。

我低頭看著腳，並決定這是個好時機。這不是什麼史詩，也證明不了奧妙的療癒之力，就只是片刻的好。是的，我在陽光下站了很長的時間，沒有對這個內在深受傷害的外表，處心積慮做什麼裝扮。

就在那時候，我想到：如果你感到絕望，就會進入一種「慢生活」模式中。你會讓所有外界噪音都安靜下來；上帝的聲音會成為生活中最大的聲音。現在，我意識到，當人生分崩離析時，誰也無法簡單地就直接放棄人生；但我們的確可以放棄一些事情。

我幾乎完全不看電視和使用社群媒體。

我減少了在線上閱讀各種內容的時間，選擇利用比以往更多的時間閱讀上帝的話語。

我讓家裡充滿讚頌詩歌，消除生活中震耳欲聾的寂靜。

我盡量減少額外的活動，花更多的時間和孩子與來訪的朋友在戶外消磨時光。

我避免一直與好奇人士對話，且有意識地尋求教牧輔導，並與可信任的朋友進行深入對話。

在這個「慢生活」季節，我減少了演講的邀約，並不那麼把心神灌注於他人身上，而是讓自己有時間再被灌注。

然後，我發現了一件奇妙的事。

當你受苦時，「慢」就變得必要，「慢」變成一件好事。對我來說，這個痛苦季節最棒的其中一件事，就是不需要穿鞋。當你不穿鞋時，陽光就能直接打在你的腳上。

在精神層面上，它似乎也具有某種平行的意涵。當你經歷這個慢速季節時，耶穌基督就可以接觸到過去通常被日常穿戴所遮蓋到的部分。

我們「穿戴」令人印象深刻的頭銜，向世界展示我們正在做大事；我們會用謙虛的語氣自誇，微妙地證明自己有多麼偉大——暗暗表示上帝功勞很大，但「自己也做了不少」。我們提出略勝一籌的評論來與他人競爭，但所有評論都帶有狡詐的比較暗示。我們高談上帝的理論、發表「高您一等」的見解，來掩蓋自己內心亟需受關注的那些絕望、敗壞的區塊。

我們不喜歡把鞋子脫掉太久，所以雙腳都不會曬黑。

我們不喜歡被赤裸裸地攤在陽光下。

我們不喜歡被剝除所有掩護時的那種恐懼。

當我的生活徹底瓦解時，不僅最大的恐懼成真了，那些個人災難也被迫公諸於世。相較於在安靜的臥室中哭泣，「我的家務慘劇會被網民自由討論」這件事可怕得多了。至少淚水浸溼的枕頭不會講話羞辱你，也不會辯論你的神智是否清楚、精神上是否成熟，或放馬後砲說你應該做得更好的。

但如果是人，就會做這些事。

不是人人都這樣，但有些人會大言不慚。那些人透過關注他人的傷痛，來轉移自己對救贖的需求。有一件事很肯定：那些最熱衷於嚴厲批評別人的人，往往是最害怕秘密被公諸於世，或有痛苦未解決的人。

我完全支持人們以聖經的智慧和實際禱文中產生的觀點來挑戰我。但是這些對話應該是以富有同情心的言語當面進行，而非用冷漠的指尖打出來的文章批判；也不應該在私底下以「讓我們為她祈禱」的名目，以評斷式的言語八卦閒話。

當人們發現我和家人經歷了令人心碎的事件時，多數都很體貼、能設身處地並給予尊重，同時為我們禱告。但是，只消幾個口無遮攔的人，就能挾持其他溫柔之人的注意力，把憂慮和驚愕的尖銳碎片越推越深。當人們從未經歷過深切的悲傷，卻擅自假設並臆測出結論時，我幾乎可以保證以下兩件事：

他們太害怕面對面具下的自己了，導致成天只想揭穿別人的私事。

他們沒有一雙被太陽曬黑的腳。

在這個被大量揭私的夏天，我花了很多時間思考如何應付這些傷人的人。這部分我將在稍後說明。但我發現自己首先要處理的，是我對他人想法、見解、耳語以及評論的恐懼。

在深入研究聖經之後，我很驚訝上帝不是要我從別人身上著手，而是從我自己開始；不是要改變他們的話語，而是從處理我自己的恐懼開始。

畢竟，我永遠無法控制別人腦子要怎麼想或話要怎麼說；但是有了我內在聖靈的協助，我絕對可以學會控制別人的意見左右我恐懼的程度。從我自己的內心深處著手，得到牽引力的機會更大。我越是將焦點放在想要他人改變上，就會越感覺到挫敗沮喪；但是當我承擔起「我」自己的計劃時，挫敗感會變成前進的動力。

恐懼也能變成動力。

因恐懼而生的擔憂也是。

浸淫在恐懼中的焦慮也不例外。

我和我曬黑的雙腳決定先來挑戰一些小恐懼。我想，處理焦慮和憂慮這類的大事，就像是試圖用手動的方式給堪薩斯州那麼大的充氣浮板充氣一樣——理論上可以完成，但你可能在還看不出些微進展時就會先昏過去或放棄了。但如果是兒童沙灘球呢？那是做得到的，即使是一般的肺活量也能負荷。

所以，我決定想出一件我非常恐懼，但今天就能克服的事。

耶穌，救命啊。

兩件式泳衣。

萬萬不可啊。我甚至不認為兩件式泳衣符合我的神學（或生物學）觀念。當然更不符合我這四十八歲的人體構造。不行，沒辦法就是沒辦法。

我瞪大雙眼，擠出一條條深深的抬頭紋，然後強迫自己開車到商店去。那裡的款式太荒謬了，根本就只是把幾條線和幾片小三角形縫在一起，蓋住臀部和胸部而已。這絕對是我有史以來最蠢的點子了。

但我知道這絕對不是泳衣的關係。與神學、生物學或解剖學也都無關，重點是我在實質層次做的事情，會讓我看到心靈上相對應的變化。恐懼不是可以掃成一堆然後扔掉的東西。恐懼不存在於實質層次；它在精神領域徘徊和困擾著我們，在看不見的地方襲擊我們。因此，以兩件式泳衣的形式將恐懼清晰地呈現出來，有助於我接觸到它、抓緊它。想到這裡，我能感受一股神聖的恆毅力注入到我的心靈，足以讓我從最底層的貨架挑出最保守，但仍十分危險的一套泳衣。我正式宣戰。

我不斷在心理上宣稱這種恐懼精神不是來自上帝（提摩太後書 1:7）。那麼，恐懼一定是來自我的敵人。我把泳衣放在收銀台的輸送帶上。把塑膠袋扔進汽車前座。開車回到家。內心深處湧出奇怪而陌生的勇氣。我剪下標籤。拉起泳衣並綁帶。我獨自一人站在隱密的臥室，面對最艱難的一步——轉身面對鏡子裡的自己。

【譯註】因為神賜給我們，不是膽怯的心，乃是剛強、仁愛、謹守的心。（提摩太後書 1:7）

此時此刻，恐懼加劇到了最痛苦的程度。如果我要面對這種恐懼，就必須面對自己。敵人會用耳語、疑惑、假設、見解、指責和誤解，以及所有出於恐懼且發出威嚇的桎梏，讓我們癱瘓、妥協。

我站在那兒，滿懷恐懼地轉向鏡子，突然迸出一個念頭。我害怕他人想法、指責和說法；而賦予這種恐懼力量的，不是這些人本身，甚至不是敵人。

是「我」決定了他們的話是否對我有影響力；是我，還有我想要找掩護的強烈慾望。我不想以任何方式感到赤裸。嚴格上來說，我明明有身穿泳衣，但仍然感到如此暴露，而我不想要這樣暴露自己，因為我不知道怎麼樣可以暴露而不覺得羞恥。

這種恐懼的根源就在這裡。我讓自己相信，拿掉所有的裝飾、偽裝、讚美和認可，就相當於拿掉我最好的部分。實際上，當我最接近上帝創造我的樣貌——赤身露體而不羞恥的模樣時，我最棒的部分才會突顯出來。赤身露體而不羞恥是伊甸園生活的模式。「當時夫妻二人赤身露體，並不羞恥。」（創世記 2：25）。

亞當和夏娃之所以能夠做到這一點，是因為不必處理其他思緒，只需專注於上帝本身的絕對之愛。於是，他們站在偉大造物主面前，這位造物主因眼前兩個脆弱但珍貴的生物，心中激起百萬個希望、夢想和目的。他們是祂的喜悅，祂的創作，祂的反思。

赤身露體，毫不羞恥；也因此完全不害怕。

對我來說，以這種方式轉向鏡子面對自己，是我驅逐恐懼的標記性時刻。我回歸伊甸園式的思考。在伊甸園的真相是：我可以赤身露體、毫不羞恥地站在那裡，不必處理其他思緒，只需專注於上帝本身的絕對之愛。要在兩個花園間的中間地帶度過一生，我們需要和「赤身露體、毫不羞恥」和解。不必讓全世界看到，只需要我和上帝看到。

我握緊拳頭，開始想起別人的言論。我需要與這些言論對談，消除其在我人生中的力量。

當我的生父說：「我真希望沒有孩子」時，我將它詮釋為「我根本不想要你」。這樣的詮釋讓這句陳述句產生力量，啟動了我的恐懼。

當中學同學說「麗莎是魯蛇」時，點燃我內心恐懼的，是「你不被接受」。

當我迷戀的男孩說：「我只想和你做朋友」時，點燃我恐懼的，是「你不夠漂亮」。

當另一個母親說：「你的孩子最差勁」時，令我恐懼的是：「你的孩子會跟你一樣糟糕。」

然後，所有陳述中最傷人的，就是當我丈夫告訴我他愛上別人時。點燃恐懼的燃料是「你自己曾懷疑過的所有最壞情況，都是真的。」

因此，那些認識我（或僅僅知道我）的人所說的話，總能直搗我的弱點和不安全感核心，因為我會自己火上加油。我擔心他們說的話，只是因為他們說出了那些原本已經糾纏我的想法而已。

敵人希望我們因各種假設、觀點、指責和誤解而癱瘓、而妥協。

如果有人說了有關我的不實言論，我應該要像歌手泰勒絲（Taylor Swift）一樣，通通甩掉。如果是一個荒謬的陳述，那麼它應該像難聞的氣味，可能會使我畏縮幾秒鐘；但接著我還是繼續往前進。

【譯註】通通甩掉（Shake It Off）為泰勒絲的一首歌曲名。

但是，如果有人對我說了一些我自己本來就有所猜疑的話，那麼我可能無法辨別它是否荒謬。我會邀請那段話進來，為它提供飲料、並在我心裡留個舒適的角落給它。不知不覺中，它就像一個我從未想過要擁有的壞室友一樣搬了進來。

這位室友會在我嘗試穿兩件式泳衣時進到我房間，提醒著我有千百個不該轉向鏡子面對自己的理由。她會怎麼說？「妳會討厭自己所見，穿得這麼暴露是很可恥的。你應該要害怕看到真實的自己。」

然後，就像亞當和夏娃一樣，我想要逃開，想掩蓋身體。我聽到上帝在呼喚我，但我害怕赤身露體，所以躲藏起來。

但是，看看上帝此時對亞當說的話多麼有趣。祂沒有問罪，沒有責罵。祂沒有指出亞當的缺點，以及他吃了禁果這件現在看來非常錯誤的舉動。上帝對亞當說的頭兩句話是：

「你在那裡？」（創世記 3：9）

以及「誰告訴你赤身露體呢？」（創世記 3：11）

上帝並沒有意識到這些問題會有什麼答案，但是亞當意識到了。上帝向亞當提出了這些問題，讓亞當透過回憶思考剛剛發生了什麼事、做出回應、最後再透過告解來懺悔。

但是，請把神的話放在「祂富於同情心」的脈絡中閱讀。上帝的舉動充滿溫柔，因此，我相信祂當時的語氣也是溫柔的。亞當和夏娃很害怕，所以他們躲開上帝，抓了無花果葉掩蓋自己。但是，上帝沒有責備、羞辱他們，而是將他們的無花果葉換成了毛皮。他手工製作皮製衣服來覆蓋他們，而這預示著耶穌的血掩蓋了我們的罪過。上帝知道那天在伊甸園裡，他們的罪將被動物的血所掩蓋；但是有一天，會換成是他兒子的血從十字架上滴下。這種同情行為預示了他最終的憐憫行為。是的，凡事都有後果的——罪惡總是與後果綁在一起。但是，不要忽略了上帝對祂孩子們的溫柔；也不要忽視上帝對你的溫柔。

如果我們現在在一起，我會帶著真正理解的眼淚轉向你，對你輕輕說：「誰告訴你，你是赤身露體的？誰告訴你，你不是全能上帝最榮耀的創造物？誰像是把你剝光了一樣地和你爭辯或談論你，使你傷心無比？」

不管他人說了什麼，只要與真理相反，都必須被稱為謊言！

我們必須讓上帝的話語
成為我們故事的語言。

上帝的話就是真理。祂的真理說，你是天父聖潔而深愛的孩子。
你的創造是種神奇。
你是珍貴的。
你很美麗。
祂全然瞭解你，祂深深愛著你。
你是被選中之人。
你很特別。
你與眾不同。
無論你做了什麼、或他人對你做了什麼，上帝說的這些關於你的話，都是真實的。
願我們仔細選擇我們記得和忘記的事情。
我很快記起別人的傷害性言語，但記不起神的醫治言語。
我們當求上面的事，選擇記住上帝的話、重複上帝的話，並相信上帝所說關於我們的話。
我們必須讓上帝的話語成為我們思想和心靈的寄託。
我們必須讓上帝的話語成為我們相信並接受的真理。
我們必須讓上帝的話語成為我們故事的語言。

我聽到了充滿同情心的和諧交響曲迴響在臥室裡。我聽到上帝取消邀請那些傷害話語、並移除其力量。誰對你說那些話的？他們不也是經歷過傷痛、心碎、毀壞的脆弱之人嗎？你可以對他們抱著同情心、但又不被他們的想法所壓倒嗎？你可以對自己有同情心嗎？誰告訴你你是赤身露體的？誰告訴你，赤身露體的你不是榮耀的？

我用力吞了吞口水，然後轉向鏡子。

我轉過身去，而且我沒有死。我甚至不害怕。這就是我，完全的暴露。我的年齡明顯，我的缺點一覽無疑。我腹部上的手術疤痕像驚嘆號一樣。但是我仍然堅強地站在這裡，也許比我一生的任何時候都還要堅強。

我可以感受到恐懼失去了對我的控制，放開了它窒息性的影響，讓我幾乎想要就這樣走到大街上。但是，此時耶穌接手主導了一切，領著我和我曬黑的雙腳，讓這個啟示深深沉浸到最重要的地方，也就是我的內在——這個新的、不那麼害怕的我，赤身露體毫不羞恥、被上帝深深愛著的我。

回歸源頭

當你經歷人生的慢速季節時，耶穌基督就可以接觸到你通常被日常穿戴所遮蓋到的部分。

謹記

- 我必須學會控制別人的意見左右我恐懼的程度。
- 敵人會用耳語、疑惑、假設、見解、指責和誤解，使我們癱瘓、妥協。
- 要在兩個花園間的中間地帶好好生活，我們必須跟「赤身露體而不羞恥」和解。
- 我們必須讓上帝的話語成為我們故事的語言。
- 我被上帝深深愛著，即使是最赤裸的形式。

接收

當時夫妻二人赤身露體，並不羞恥。（創世記 2:25）

其他參考經文

創世記 3:9,11

反思

- 你把誰的話看得過重，而導致他們提及你赤裸時，你會因而感到恐懼？他們的話如何影響你？
- 你是否曾害怕面對自己掩蓋起來的地方，因而轉而揭露他人？情況是如何展開的？
- 你如何過著「被恐懼癱瘓」的人生，忽略了自己被上帝深深愛著的真相？

天父：

我承認我花了太多時間，在內心一再重溫他人傷害性的言語，忘了有意識地提醒自己的靈魂要重溫祢醫治的話語。我今天帶著疲倦的靈魂來到祢身邊。我已厭倦逃避、厭倦躲藏。厭倦感覺自己永遠不夠好。請幫助我接受並相信祢所說的關於我的話：我是珍貴的，是美好的，我被選中並與眾不同——即便我身上有缺點和傷痕。請剝去我拚命固定的所有標籤、謊言，甚至面具，並幫助我今天站在祢面前，赤身露體而不羞恥，被完全瞭解、被深深愛著。

奉主耶穌基督的名禱告，阿們！

第五章　這些畫，那些人

那天是七月二十一日，我的四十八歲生日。當時的我正處於痛苦季節、塵土季節中最艱難的時日。我無法像個正常壽星一樣興沖沖地說：「嘿，今天是我生日，讓我來做點計劃……做點夢吧。」

做不到。未來令我恐懼無比。我只有能力面對當前的未來。幾週、幾個月都太長，更不用說一年了。

當你的人生陷入困境時，下一個毫秒、下一個呼吸都存在著未知。你原本以為未來會如何如何的那種平靜可預測感，突然被預期之外且毫不熟悉的黑暗和沉默所取代，令人措手不及，就像沒有窗戶的辦公室突然斷電一樣。那個空間裡原本充滿著活動、效率、計劃和重要細節，老闆發號施令、職員忙於工作；剎時間變得像是安寧之家的走廊一般安靜無聲。

黑暗有一種強大的力量，可以吞噬人們對未來的熱情。

不，這個生日不是要展望未來、夢想著如何在四十七年的基礎上再繼續前進。至少不是在這種大斷電使黑暗蔓延所有希望、夢想，而明天吉凶未卜的時刻上。

對我而言，四十八歲應該是我五個孩子中最後一個上大學的時候。這一年是空巢期的開始。安排共乘計劃、週二晚上的親師會都成為過去式。那是養育家庭那榮耀階段的時日。但我們現在開始可以無所牽掛了，可以計劃在星期二約會，星期三來個長長的散步。然後也許來點瘋狂的想法，在星期五的早晨決定開車去山上或海邊。

我們人生新的一頁，本來會像那些美麗的成人著色本一樣有趣和可預測。二十五年的婚姻已形塑了生活的輪廓，所以我們現在只要著色即可。在已經精美繪製的線條中著色，這對我來說是一件充滿可預測性的趣事。當你面臨的最大風險是要將花朵塗成紫色、黃色還是粉紅色時，生活完全沒有壓力。

但在四十八歲這個生日，我打開了著色本，發現有人把所有漂亮的線條都擦掉了。這裡除了白紙之外別無其他。一片空白。充滿了恐懼和失敗的無盡可能。

用比喻的方式來說，我的人生現在成了一張空白的畫布。

我和母親分享這樣的感覺。結果，你知道她做了什麼嗎？她建議——不，其實是要求——在我生日那天去採買空白畫布和顏料。她要我們開車去工藝材料行（#工藝材料行過敏），躋身真正的藝術家之列。店家肯定看得出，我是個假冒的工藝愛好者，一個會對著熱熔膠槍翻白眼的傢伙，對所有閃亮亮、粘糊糊的東西都畏畏縮縮的人，一個剛好路過畫筆區的人。

說到這裡，順帶提一下，我很快就得知店裡約有四百六十七種畫筆可供選擇，這足以讓我這樣的新手藝術家倍感壓力，更別提各式各樣的顏料了。那裡有不計其數的顏色選擇，讓我只想躺在走道中間小睡一下。你能想像，我母親該如何向那些真正的藝術家，解釋她四十八歲的女兒為何處於這種狀態嗎？

謝天謝地，那天店裡人不多，所以穿著圍裙、紮著辮子、充滿熱情和繪畫知識的店員有時間幫助我們。

我們把各式各樣的繪畫材料搬上車，然後開車回家。

我們在車上時，我一直在提醒自己，這會是一件好玩的事，不用覺得有壓力要把繪畫練得多厲害、要把圖畫得多美。我身旁的母親對於我嘗試的任何事，總是有過度熱情的反應，無論我在畫布上畫什麼，她都會非常喜歡。這位女士聽了我在小學做的讀書簡報之後，就認定我應該成為美國第一位女總統。上帝祝福她。

她也很愛我寫的一個小故事，甚至要我打電話給威利．尼爾森（Willie Nelson），要他為這故事寫一首歌。威利．尼爾森耶。是啦，我很確定威利今天會坐在電話旁，等著一個對工藝材料行過敏的陌生女孩打電話來，提議對他的音樂事業提供一些協助。等等！她還希望我提議和他一起合唱這首歌哩。

你問我唱不唱歌。

答案是否定的。

我也不畫畫。

但我向你保證，坐在我裝滿繪畫材料小車裡的母親，此刻腦海中應該正在計劃哪個博物館肯定需要我的第一幅畫：紐約的大都會博物館或華盛頓國家美術館呢？沒有人告訴她，有些藝術品就只適合放在媽媽的軟木塞告示板上，而不是陳列在美術館藝廊。

我喜歡她的熱情，只要這股熱情不是瞄準手拿正滴著水、顫抖中的畫筆的我都好。

我的姐妹們也加入畫畫的行列，有助於分散母親的熱情。

我畫了一條船，她們則都畫天使。

我母親是對的——畫畫的確在許多方面都很療癒；但這也是極其暴露於脆弱的經驗。

現在是我成為繪畫者而非觀察者的時刻，現在是我從藝術家的角度面對失望的時刻。作為繪畫者，我將展示我所能；但更可怕的是暴露我所不能。我偶然從《藝術與恐懼》（Art and Fear）一書看到的一句話，最能說明這一點：「藝術創作提供了令人不舒服但準確的回饋，呈現在你打算要做的事與實際所做的事之間不可避免的缺口。」[3] 缺口永遠不會保持沉默，它會與評論產生回響。可惜的是，對於太多的人來說，那多半是負面評論。這就是撒旦的策略。他喜歡對人生的美好時光下手，一遍又一遍地用我們失敗的經歷這種負面的敘事來填滿這些時刻，直到上帝的聲音被

---

3 David Bayles and Ted Orland, Art & Fear (Image Continuum, 1993), 4.

完全淹沒。撒旦歪曲了「我們是上帝摯愛的孩子」這個事實。他希望我們的思想與他的緊緊糾纏在一起。

這是他的想法，這他的劇本：你。不。夠。好。我們嘗試創作時會聽到這句話、我們嘗試鼓起勇氣展開新事物時也會聽到。當我們試圖克服已經發生的事、並邁步開啟未來可能時，也會聽到。

請記住，上帝以真理示人，而敵人歪曲真理；上帝要我們蛻變，但撒旦要我們癱瘓。因此，當我們聽到「我不夠好」這類導致我們退縮的想法時，心中必須牢記，敵人會竭盡所能阻止我們靠近上帝或與他人更深入地連結。我們以為自己聽到的「事實」根本不是真實的。在第九章中，我們將再提到敵人攻擊我們的三種方式。但此刻，請放心，無論我們有多麼不完美，上帝都希望我們靠近一點。

那天，我靈魂的敵人不想讓我畫畫。「創作」意味我會有點像創造我的造物主。要克服空白畫布的可怕焦慮，意味著我以後會對其他藝術家抱持更大的同理心。我說真的，我面對眼前的空白畫布，刷上第一筆藍色和灰色時，「不夠好」的陳述幾乎以震耳欲聾的音量出現在我腦海。此外，請注意，敵人不會把這個「不夠好」的腳本一字不變地套用在所有人身上。反之，那些腳本非常個人化，會使我們相信敵人的負面評估是正確的，而且鐵證如山。我們甚至沒意識到，這一切都是來自敵人，因為我們重複聽到的那個可辨認的聲音，正是我們自己的聲音。

我還不夠好。

你最近一次對自己有這樣的想法是何時？

也許你的手裡沒有畫筆，但我知道你也有過這種感覺。每當對自己感到失望時，敵人都會端出這個腳本來暗示我們。

這種癱瘓式的謊言是他最愛的戰術之一，使你因失望而幻滅。高牆升起、情緒高漲；我們覺得自己注定會以無數種方式失敗，變得有所保留並產生戒心、失去動力且動彈不得。我們會在這時放棄。我們會在這時，把孩子放在電視機前，覺得反正育兒書似乎沒什麼效。我們會在這時，安於使用臉書，而非去挖掘上帝那本更具挑戰性、且能讓我們蛻變的書。我們會在這時，找一份只是為了賺錢，而非追求使命、創造不同的工作。這是我們消耗感情、而非為其投資心力的時候。這是我們放下畫筆、連試都不試的時候。

於是，我呆站在那裡，看著我塗上藍色的船，選擇要聽哪一種聲音。

我相信上帝在微笑，感到欣慰。祂要我在對的事物當中找到喜悅；祂希望我專注於自己畫中表現出美的那部分，藉此對自己更有同理心。祂要我渴望將這種美麗帶給那些敢看我畫作的人；要我透過創造來愛人，而非乞求他們來認可我。

但是，敵人正在扭曲這一切。「完美」嘲笑我的船。船頭太高、細節太粗淺、水的反射線條太突兀，船尾也偏離中心。「失望」要求我將注意力集中在看起來不太正確的地方。

我要堅信「不夠好」還是「從對的事物找到喜悅」的說法，決定權在我。兩種說法平地而起，各自央求我將其視為事實。

我一直努力地要與我的繪畫創作和平相處，因為我也一直在努力與身為上帝創作的自己和平相處。每當我們感到自己不夠好時，就等於是在否認「我們是上帝創作中的榮耀作品」這個強大事實。

我們不完美，是因為我們還沒有被完成。

因此，作為一個未完成的作品，我們接觸到的事物當然也不會完美；我們嘗試的一切都會有缺陷、所完成之事也會有不足之處。就在這時我突然有個想法：我期望自己達到完美，期望別人也達到完美，而這甚至是上帝自己都沒有的期待。如果上帝對這個過程有耐心，我為什麼不能？

我有多少次，因為不完美而對自己和對別人太苛刻？

我強迫自己將我畫的船發送給至少二十個朋友。每發出一則簡訊時，我都在慢慢與自己繪畫的不完美進行和解。我下定決心，不因敵人指責我作品不夠好、不能被認定為真正的藝術而退縮。同樣的，我不是為了得到認可，而是要確認自己雖然可以看到畫中的不完美，但不會因此認為它毫無價值。我可以看到自己的不完美、但不因此認為自己一文不值。這就是對自己發揮同理心的行為。

如果我們希望能對他人發揮真摯深切的同理心，就必須先對自己發揮同理心。

「失望」央求我們暗中厭惡「有缺口」的一切、去討厭正在與「不夠好」的腳本搏鬥的人。但請試想，如果我們能屏除對他人的強烈失望，去發掘他們「需要同理心」的那一面，景況會是如何呢？藝術家、作家、傳教士、妓女、老師、共乘經營者、參賽者、妻子、丈夫、單身人士、同事、青少年、小孩、超級巨星、世界尖端人物、被遺忘的底層人士，他們都需要同理心，沒有例外。

在痛苦季節展開前，我從來不曉得這件事如此重要。從表面上看來，對他人缺乏同理心，似乎不會帶來什麼太大的危險。但請不要搞錯了，同為人類的我們，若對彼此缺乏富有同理心的連結，等於讓敵人邁進了一大步。

如果他成功以「不夠好」的負面敘事來讓我們分心，那麼我們將錯過大敘事（metanarrative），即上帝希望我們所有人都能扮演關鍵角色的宏大救贖敘事。我們要明白，付出陪伴和同理心的時間永遠不會白白浪費。更確切來說，這是我們將脈絡、目的以及意義帶入人生的機會。寧靜的同理心是史詩般的戰鬥。那樣的時刻會發生在，我們用〈啟示錄〉第12章11節的真理，平復撒旦引

我們不完美，是因為我們還沒有被完成。

發的混亂和羞恥時。「弟兄勝過他，是因羔羊的血和自己所見證的道。」耶穌帶來了鮮血。我們必須提出自己所見證的道。

當我們將「失望」交給上帝，並說：「主，我相信你可以反轉這個，並將它還給我，作為我見證之道的其中一部分」，那將是我們最勝利的時刻。我們在人生中的「失望」，不只是證明我們的不足以及生活艱辛的個別證據。錯了，在失望處，我們可以與他人分享秘密並現身表達：「我也是，我懂，我明白。你並不孤單，我們可以一起找到回家的路。」

與飢餓之人共享聖餐麵包，可以為我們的身體提供養分；同樣的，與另一個受傷的人分享秘密，能為我們的靈魂提供同理之心。我們在失望中得到上帝的安慰，我們也以此來為他人帶來安慰。用使徒保羅的話說：「願頌讚歸與我們的主耶穌基督的父神，就是發慈悲的父，賜各樣安慰的神。我們在一切患難中，他就安慰我們，叫我們能用神所賜的安慰去安慰那遭各樣患難的人。」（哥林多後書 1:3-4）。

當我們帶著對他人的同理之心現身時，我們自己的失望就不會顯得空洞或憂傷。

當我們帶著對他人的同情之心現身時，
我們自己的失望就不會顯得空洞或憂傷。

在我進行畫畫冒險的幾週後，家裡到處都是畫布。我決定該是時候去參加畫展，看看別人的作品了。既然我敢於當一名畫家，我覺得自己就可以和另一位畫家分享秘密關係。我知道對方的恐懼、焦慮、失望，知道對方也會懷疑自己是否夠好。對方不需要擔心要將所有一切保守為秘密，因為我不會要求她（他）的畫達到不切實際的期望。我會帶來同理心。

我現在知道要純粹帶著愛、驚奇和喜悅站在每幅畫前，其他什麼都不帶。我拒絕向藝術家要求其他東西。我只是想現身在她（他）如此勇敢展示的每一件作品之前。我與所有負面思想戰鬥，好像在與地獄獵犬奮戰一樣，連一絲一毫的土地都不讓它佔領。

我是否可能有足夠的勇氣站在她（他）的作品前，要求自己找到其中所有我所愛的地方？是否能釋放我握緊的拳頭和倔強的失望，並把「想達到期望」的心態換成「現身」的心態？只需要現身並發現其中的美好，對我來說更為自在。擺脫秘密的失望，讓大腦進入這個愛的小小開口來場冒險，在這個充斥黑暗批判、不滿評論、粗糙意見，以及狂傲輕視的世界裡，欣賞這一絲淡淡的甜蜜。

當我在藝術展上觀賞一張又一張的畫作時，我「現身」了。

最後，我意識到繪畫為何令人如此愉悅。因為「不完美」。大家都知道一幅畫看起來不會像一張照片，這就是使它成為藝術的原因。它被人所觸碰，由人所創造——一個手會流汗的人，一個不可能將眼睛所見的神聖完美完全轉移到指尖創作上的人。

即使是最優秀的畫家，也會有一些地方畫得不合比例、不協調，陰影太暗或頭髮太厚重。一定都會有缺陷的。而這就是我們必須做出關鍵決定的地方：我們要如何處理「失望」？

要把它視為：追求精準的失敗？對完美的滑稽模仿？難看的作品？還是無數失望的其中一筆？

或者，我們能看到油墨背後的人？那敢於握住畫筆揮灑色彩的心？請記住，她是一個勇敢的人，是那個讓自己現身、承擔風險的人。她勇敢面對別人隱藏的失望。她深刻地活著，並留下了自己的印記。

我喜歡這麼做的她。

因此，我也可以喜歡她的作品。

我們敢於對一幅畫產生喜愛，不是因為對它有所寬容，而是因為喜歡它呈現不完美的方式。它是個別而獨特的，它明確地表達了某樣東西，即我們站在它之前，靈魂所能理解的無形連結。

如果我們不退縮、不害怕，就會有一陣勇氣爆發，展現在畫布上。畫家放下畫筆並喜悅退後的那一刻，她才允許那幅畫偷走觀賞者的心、偷走幾聲砰然心跳。閉上你的眼睛，接收這份充滿人性的禮物，不要要求更多或更好。只要現身並且深刻活著。

我們為繪畫現身的方式，直接反映了我們為他人現身的方式。

無論他的本質或好壞，站在繪畫或他人之前的方式只有一種：那就是帶著同理心。這並不意味著你同意他們所說或所做的一切；但這確實意味著你將每個人都視為「人」——需要同理心的人。

我喜歡同理心這個詞。這意味著意識到我們所有人都害怕深深刻畫到赤裸自我上的不完美。我們都會掩蓋，接著當「收穫」被「失去」替代時，就會像是被剝光了一樣。在充滿失望和悲傷的時刻，你想要誰陪在你身邊？我可以保證，不會是那些不瞭解事情全貌的人，他們驕矜自滿、嘴裡急著想要說：「你這裡跟那裡做錯了。要是我，絕不可能讓自己落得這番田地。真希望你當時做了……」。

不。我們希望在身邊的，是心存理解之人。他們親身經歷過在兩個花園間中間地帶的生活，知道光是身而為人有時就是種痛苦。他們會牢記聖經的指示，充滿人性地與我們互動。「所以，你們既是神的選民，聖潔蒙愛的人，就要存憐憫、恩慈、謙虛、溫柔、忍耐的心。」（歌羅西書3:12）

我們每天都要帶上這些特質，就像畫家在畫布上放上顏色一樣，清楚知道這會讓創作與他人連結起來。上帝希望你——他的創作品——能與他人建立連結，並透過富有同理心的筆觸，帶給他人光明和生命。請注意，在〈歌羅西書〉第3章12節中，首先列出的就是憐憫。有了憐憫之心，恩慈、謙虛、溫柔、忍耐自然由此而生。就像最好的畫作總會有獨特的焦點一樣，上帝希望你和我——他最愛的作品——具有同理心的焦點。

當人們看著我們時，他們看到造物主的同情心了嗎？如果有，我保證當敵人看到我們時會恐懼地顫抖。敵人不會懼怕假冒完美、充斥批判的靈魂。那他怕的是什麼？是一個曾深深受傷過但又重新付出愛、充滿同情心的靈魂，那個上帝宏大故事的超級巨星、在人生戰鬥中，你希望能在身邊的那個。

這些人接納了自己的傷疤，等不及想分享自己活下來的故事，好讓你也可以撐過來。他們對被創造的一切萬物都充滿同理心，其外表覆蓋顏料也好、披著人皮或塵土也罷，都一視同仁。

獲得更多這種同情心的唯一方法，就是自己拿起畫筆，坐在自己受苦的這個位置上。如果你曾經歷過突如其來的黑暗、不熟悉的靜默和沉寂，請記住，這些艱困時期、這些毀滅性的失望、這些痛苦的時光，並非毫無是處。它們會讓你成長、會塑造你、讓你變柔軟、使你體驗上帝的安慰和憐憫。當你讓上帝藉由你的痛苦安慰他人時，你會發現使生命富有的意義。你會有能力分享那分獨特的希望，因為你完全能理解他人的處境。

在我自己的痛苦季節中，自己好像在舔舐地獄的地板。因此，相比之下，現在其他事物都更像是天堂了。我保證我懂。畫和人都更美麗了，我以前都沒有認真去注意。畫和人都需要同理心、都需要更有希望的前景，現在的我懂得發揮同理心、知道如何帶來希望了。現在，輪到你了：從受傷者，蛻變成為幫助者。

拿起畫筆，感受那種張力。感受每一次觀賞、每一雙眼睛、每一個意見帶來的恐懼與重量。選擇帶著上帝的生命真理現身，讓自己因此被改造；而不是因敵人施展的「失望」致命打擊而墮落。讓自己心跳加速、自由奔放並感受恐懼吧。你胸口的心想要與祂同步跳動。現身吧。

人們需要你。人們需要我。人們需要知道上帝的慈悲仍然存在，並且能在與惡魔的善惡大對決中勝出。人們需要知道，救贖不僅僅是一個詞而已。

對空白的畫布上色，對你的觀點進行色彩校正。請忘掉自己對舒適區的渴望，用舒適換取同理心。不要讓自己心腸變硬，以為這樣生活會比較好過。請沾溼畫筆、塗上顏料，在畫布上刷上幾筆。將它視為自己的一部分，宣告自己就是畫家。當有人從你的著色本中偷走了所有的線條時，請下定決心，無論如何還是要為世界塗上色彩，就像上帝每天慷慨提供的憐憫一樣。

請向造物主看齊——那位大師級的藝術家。

別像頑強的仇恨者一樣，拒絕承認自己的著色本少了線條，拒絕與人類同胞分享秘密；別像他們一樣寧願批評而不願安慰、只顧大聲發表意見，卻從未因空白畫布而受苦。

請抓住畫筆，用色彩和創作來點亮世界。不要試圖追求完美，更不要假裝有可能達到完美。不要道歉或思索策略；不要小看每一次下筆時所粉碎的恐懼和批判。你正在走著藝術家的路，你只需要帶著同理心現身，我會因為你這麼做而愛你。我熱愛你在畫布上即將展現的一切，那都是在榮耀我們的全能造物主——神，塵土的救世主，我們的救世主。

好吧，老媽，此時可以來點威利．尼爾森的歌了，讓我們一起畫畫，一起唱歌，直到四十八歲的蠟燭燒盡為止。

我們不完美，因為我們還沒有被完成。

謹記

- 上帝以真理示人，而敵人歪曲真理。
- 上帝要我們蛻變，撒旦卻要我們癱瘓。
- 「創作」意味我會有點像創造我的造物主。
- 上帝沒有期望完美，所以我們不應該期望自己和他人達到完美。
- 如果我們希望能對他人發揮真摯深切的同理心，就必須先對自己發揮同理心。
- 寧靜的同理心是史詩般的戰鬥。
- 我們必須把「達到期望」的心態改為「現身」的心態。
- 人們需要知道上帝的慈悲仍然存在，而且能在與惡魔的善惡大對決中勝出。

接收

願頌讚歸與我們的主耶穌基督的父神，就是發慈悲的父，賜各樣安慰的神。我們在一切患難中，他就安慰我們，叫我們能用神所賜的安慰去安慰那遭各樣患難的人。（哥林多後書 1:3-4）。

其他參考經文

歌羅西書 3：12

啟示錄 12：11

反思

- 人們看到你時，是否看到了造物主的憐憫？何以見得？
- 你有多少次因為「不完美」而對自己太嚴厲，或對他人太苛刻？
- 當你在日常生活中，為他人現身帶來同理心時，景況會是什麼樣子？

天父：

我不想讓失望和心碎使我對人生的追求趨於小心謹慎而非創意奔放、批評多過於同理心、憤世之心多過於臣服之心。謝謝祢在我破碎和痛苦的時刻與我溫柔相遇。感謝祢提醒我我仍然可以為這個世界提供光明和美好。今天，我選擇抓住畫筆，我不嘗試追求完美，不用道歉或思索策略，只有純粹的我。用我的色彩照亮這個世界，帶著祢的憐憫和恩典現身。奉主耶穌基督的名禱告，阿們！

第六章 有一點太長，有一點太難

在本書此處，我認為需要提出一點說明：我不知道我面臨的處境會在何時修復、如何恢復。有時候，你就是必須讓所愛之人在街道的一側展開他們的旅程；而你在另一側展開自己的旅程。

我們的諮商師很有智慧，我們會聽他們的話。他們知道該怎麼做到這一點，但我們不知道。因此，在這一部分的旅程中，亞特沒有與我同住。我內心沒有任何一個部分喜歡或想要這樣，但這是現實。

許多夜晚，我都是一個人回到這個非常安靜的房子裡。我們的孩子長大了、也常回家，但當家庭聚會結束時，每個人都會離開，包括亞特。我無法形容看到他走在車道上，然後開車離開時的那種痛苦。我們的房子一向都熱鬧騰騰，還時常舉辦各式各樣的活動，但現在靜止得像一個居民遭撤離的城鎮。暴風雨的狂風已經過去，但它帶來的後果卻使一切無法恢復到讓人感覺正常的狀態。偶爾一切會回歸正常，但還有很多情感殘骸需要處理。我們以兩步進一步退的方式，一點一點地慢慢前進。但是當燈光熄滅時，我還是孤獨一個人。

在黑暗中伴我上床的，是對我當前狀況一種撼動靈魂的沉默和失望，在我半夜又做了惡夢而醒來時，它還在那兒。當我第二天睜開眼睛面對全新一天時，這事實仍然存在。接下來的一天、再接下來的一天，都是如此。

我並不是要邀請你參加什麼自怨自艾大聚會，而是要說：我能理解，當深深的失望持續盤旋不去時，生活有多麼艱難。你可能會在半夜和自己的眼淚奮戰。

或者，你的摯友們正在裝修即將迎接新生命的嬰兒房，而你卻一個月又一個月面對令人失望的驗孕結果。

又或者，你的內心感覺空虛，因為你所愛的人並不想真正了解你，很少為你加油打氣，也不想與你建立親密的連結。

再或者，你一直沒有被夢想已久的工作或神職機會給選上，令你疲累而沮喪。

不管你如何努力為孩子祈禱，還是看著孩子做出糟糕的選擇，心中充滿無限痛苦與恐懼。

儘管你盡最大努力來維繫，友誼還是破裂，讓你感覺心碎。

慢性疾病的痛苦症狀使你感到虛弱、沮喪和被誤解。

承受沉重的債務重擔，使你無法享受生活中的人事物。

在獨處的時刻，你想大聲尖叫，用那些你與基督教友人在一起時不會用的字來表達這一切有多麼不公平。你也會有仍然隱隱作痛的記憶、使你吞下眼淚的事實、使血管充滿悲傷的心痛。痛苦似乎是沒完沒了。而你感到失望，因為今天你沒有活在你祈求上帝實現的應許之中。對於這種持續得有點太久、又有點太沉重的「失望」，你感到厭倦。

當事情長期處於艱難狀態時，每天都感覺像在走鋼索，而不是踏在通往未來的堅實安全道路上。

我在那條鋼索上保持平衡。我已經不再處於最初那個腳下看不到地面的懸崖。但我也還沒有一路走到穩固地面上，在那裡大口呼氣，精疲力竭但鬆了一口氣。不，我在這中間，而老實說，這可能是所有地方中最恐怖的一處。

前進和後退都同樣令人恐懼。

我的腳發抖。我的腳踝抽搐著，像是想要轉向了，我想我一定會從自己身處的鋼索上掉下去。

我試著找到平衡點，淚水從臉上滑落。「上帝，我覺得自己快要死了。祢在乎嗎？祢在嗎？我到底要如何說服自己接受『祢說祢愛我卻把我留在這個中間地帶』的事實？」

聽到我的求助呼號，上帝一定會來讓一切變得更好吧？但是後來，我突然開始被朝我飛來的飛鏢攻擊，刺穿我已經流血的靈魂。在我瀕臨毀滅的婚姻狀況之外，又加上房子下方發現黴菌的大問題。然後，城管相關單位通知，要加寬我們房屋前的道路，要求我們移動車道，以便在那裡設置轉彎便道。他們是否為此付費？沒有！然後，我的成年孩子們似乎輪流遇到各自的危機情況。再來一件：我接到醫生電話，說我最近的乳房攝影檢查中出現了一些他不太樂意看到的東西，需要做更多的檢查。一年當中發生其中一件就已經夠令人頭大了；當這一切是一天接著一天持續來報到時，那感覺真是太殘忍了。

我今天回到家，坐在床上，那是我感到最安全、也是最恐懼的安靜地方。

這一切感覺太超過了。

這一切太難了。

這些日子以來，我不確定自己是站在鋼索上，只是在嘗試安全地走到另外一端，還是走上了一條架在萬丈深淵上的死亡之繩，一不留神便粉身碎骨。我是認真的，不是戲劇化的誇張表達。

你也一樣。如果你對其中任何一項有共鳴，你就會懂這種感覺。

太陽正在落下。黑暗即將來臨。繩索在搖擺，希望在消失，地心引力在尖聲喊叫說我快掉下去……或蘇粉身碎骨了。不管是哪一種，這一切都使我害怕呼氣。

我問了一個我發誓一定不會問的問題，但我再也無法忍受了：為什麼這一切會發生在我身上？

有時，我周圍所有屋子似乎都充滿了笑聲、愛意和日常，這些對目前的我來說是遙不可及的。我為他們感到高興，我也曾經是其中之一。但是，看著他們的生活和我此刻生活形成鮮明對比，對我來說是非常辛苦的。人生都會有一些非常差強人意的面向。我們認為這些面向的提升會帶給我們極大的快樂。畢竟在其他人身上是如此。結果不適用於我們。原本以為會帶來光明的喜悅之火，最終竟然讓我們燒傷了。

我的希望是與上帝不變的應許連結在一起的。

這件事最瘋狂的地方是：一切根本不必如此！通常，最令人失望的面相來自最真實的期待。真實期待的渴望無法滿足，對人心是種灼痛。你知道這一切應該不同、也可以不同。但他們的選擇是他們自己的。他們的慾望、心碎、自私或意識的缺乏，使你的需求無人照料。在你看來如此實際的事，卻被你從未想過會傷害你的人所抵抗，使你最終遭到了拒絕。

我不會哭天搶地哀嚎這一切為什麼發生在我身上，但在這些情況下，這種行為絕對是可以被理解的。

這一分鐘，我想吐口水、跺重踩、把拳頭狠狠搥在這張沒有晚餐、沒有人、也沒有正常的桌子上，下一分鐘，我想要大聲播放讚頌歌曲，拿出新畫布來作畫。我讀了一個朋友給我的紙條，上面的墨水透著她自己掙扎過程中的汗水。她讓我在那幾分鐘之中感覺自己沒那麼孤單。但是那天晚上太陽仍然落下，黑暗籠罩著我安靜的房子。而我丈夫不會在床上貼著我冰冷的腳，輕聲對我說「你不孤單，至少我們有彼此。我們會一起度過這個難關。」無論我現在多麼需要這些話……那些需求今晚無法被滿足。也許有一天會被滿足，但不是今天。

這就是一種非常「人性」的感覺——受了傷但仍懷抱希望。

「希望」並不意味著我把自己置於險地，也不代表我忽略現實。不，「希望」代表我在承認上帝主權的同時，也承認現實。

而且，我學到了另一個重要的事實：我的希望不是與「最後要以我的方式、我的時機來實現期望」連在一起的。不，我的希望也不是與「眼前狀況或其他人是否改變」連在一起的。我的希望是與「上帝不變的應許」連結在一起的。我希望是因為，我知道上帝最終會從這一切之中帶來好事，而這件好事的真締無關乎我的渴望是否被滿足。

這有時需要一點時間。請記住我們在前幾章中談到的，上帝太愛我們了，一定會以正確的方式、正確的時機回應我們的禱告。這個過程很可能需要我們的堅持、耐心，甚至長期忍耐。

長期忍耐，這不是我希望出現在自己故事中的詞。但當我的朋友們為我祈禱時，這個字一直冒出來。長期忍耐意味著：儘管有麻煩，尤其是其他人引起的麻煩，還是要抱持或表現出耐心。

上帝啊，明明有其他聖潔之人比我更能應付長期忍耐啊，別忘了，我可是被這整件事完全嚇壞了的女孩。我希望這些災難性的失望今天就消失。我不希望這種痛苦持續這麼長時間。已經快三年了，我真的好累。

我祈禱——不，我懇求——事情很快就會改變，也許會在本書付印之時，但也許不會。

這就是我必須從一個非常具不確定性且凌亂的處境撰寫本章的原因。我知道我必須先經歷神安排的過程，然後才能看到祂應驗的應許。我想我已經在某一章中說過了，但是當我的心不斷遺忘時，這些話還是值得再重複一遍。

也許你也需要記住這一點。不管你忍耐受苦的原因是大還是小，痛苦就是痛苦，這在你自己的生活範疇內是相對的概念。上帝的應許不僅是針對某些處於低谷的人，祂的希望會延伸到任何大小的坑或坑洼中。不要以為你的情況不具災難性，就不應該將它帶入我們此處的討論。親愛的姊妹，拉張椅子過來，傾吐你記在日記中的那些心碎，而我也會這麼做。我的失望需要應驗的應許，你的也一樣。

你需要得到溫柔的照顧，我也一樣。我們彼此需要。我們需要互相提醒，我們最終將會到達更好的地方。

當你在鋼索中間晃動不已時，很難記住堅實地面是什麼感覺。我迫切希望現在就看到應驗的應許。我希望上帝神奇地在鋼索旁架起一座橋，這樣我不必慢慢走，也不用提心吊膽，就可以走到這一切的另一端。

我要〈詩篇〉第40章4節所應許的祝福：「那倚靠耶和華（不理會狂傲和偏向虛假之輩的，）這人便為有福！」我忘記了這種對上帝的信任通常是在長期忍耐的坩堝中鑄就的。上帝沒有為難我，祂揀選了我來親身實現祂的應許之一。

我知道我必須先經歷神安排的過程，然後才能看到祂應驗的應許。

這是極大的榮幸，但感覺不總是如此。

在我完全有能力得到他的應許之前，必須走過過程中的低點。

我們在〈詩篇〉第40章1-3節經文中，可以讀到關於過程中的低處之事：

> 我曾耐性等候耶和華；他垂聽我的呼求。
> 他從禍坑裡，從淤泥中，把我拉上來，
> 使我的腳立在磐石上，使我腳步穩當。
> 他使我口唱新歌，就是讚美我們神的話。
> 許多人必看見而懼怕，並要倚靠耶和華。

我想要腳步穩當站在磐石上，但首先我必須耐心等待主將我從禍坑、淤泥中拉上來，並且讓我雙腳站立起來。在希伯來原文中「set」的字是qum，意思是出現或站出來。上帝必須帶我度過「從被囚禁中掙脫」這個過程，我才能夠穩當站起來。

我也想要此處提到的新歌。但是，你是否注意到，〈詩篇〉在應許新歌之前先出現的是什麼？是多次的向主呼求。最有力的讚頌歌曲並不是以優美的旋律開始，而是始於喉嚨發出的痛苦哭號。但是痛苦的過程很快會轉化為獨一無二的，對讚頌的應許。

繼續走鋼索吧，麗莎。一腳在前一腳在後，慢慢跨出去。必要時請屏住呼吸，但不要停下來。今天不是時候，明天也不是。耶穌在這裡，祂不會讓你墜落的。

不要錯過這點。我們已經討論了實現應許的過程。但是我們絕不能忘記祂在過程中的存在。應許是對未來的榮耀希望；但祂在過程中的存在，穩住了我們今天的希望。

我用力吞了吞口水，在我非常紅的眼睛裡滴了幾滴眼藥水，並且提醒自己呼吸。我知道祂非常刻意地在我周圍安排了一些人和一些事，確保我的鋼索之旅不孤單。

因此，我到處尋找祂存在的證據。我找到第一個證據：一本藍白小冊子。

諷刺的是，我的服事現在正深入研究〈約伯記〉。我們為小組成員準備的一本每日經驗指南，現在就在我手邊。這本冊子名為「痛苦與主權」。我知道這並不是諷刺。上帝自有好計劃。

我覺得自己像是約伯。

耶和華與他同在。但是他處境的一切都要他別與主同在。我想這就是約伯這個角色最難的部分：對於結果如何，完全不確定。我們閱讀〈約伯記〉時，已經知道最後結局是有所修復的，這可以幫助我們避免感受約伯那樣深重的痛苦。

雖然我腦子裡知道上帝會在某天，以某種方式把這一切都變成我人生中的好事，但我的內心有時並不確定。痛苦的程度使我容易產生懷疑。

主啊，請讓我擺脫我的不信任！

我翻看藍白小冊子當中揭示約伯故事結局的那部分，同時打開聖經，查閱相關經文。我借用他的好結局，把它塞進我心裡，向自己不斷宣講這些充滿希望的經文。

約伯為他的朋友祈禱（那些人對約伯做出錯誤評斷、不談上帝真理、並在約伯的痛苦上加諸許多傷害）。耶和華就使約伯從苦境（原文是擄掠）轉回，並且耶和華賜給他的比他從前所有的加倍。（約伯記 42:10）

這樣，耶和華後來賜福給約伯比先前更多。（約伯記 42:12）

此後，約伯又活了一百四十年，得見他的兒孫，直到四代。（約伯記 42:16）

上帝把約伯的故事放在這裡，幫助引導我走過我自己故事的過程。上帝今天把那藍白小冊子放在這裡，提醒我看看約伯的故事，作為祂在我過程中存在的證據。我明白。

如果我是你，此刻可能會想：我身邊可沒有一本藍白小冊子，那我怎麼知道神的確與我同在呢？這個嘛，我祈禱我的書——也就是你手中拿著的這本——可以作為證據之一。不管你現在在面對什麼事情，上帝確保你在過程中能確實收到這個訊息。

但是還有其他證據表明祂在我們身邊，我敢保證。

上帝常在被我們忽視的地方。我們不必尋找祂。

上帝離我們不遠。

我們只需要選擇看見祂，選擇將確實存在的美好歸於他。我真的相信，讓我們持續走在長期忍耐的道路上，而不是轉到危險的「沉淪」那一邊的，就是醒來時滿心期望看到這些對上帝良善的小小提醒。

幾天後，我再次環顧四周。

在我安靜房間的一片黑暗中，我移動了一堆紙和一些未讀的書。在那底下是一個白色的小袋子。這個白色的袋子在這裡不太合理。我不知道它是怎麼跑到這堆東西下面的，因為我總是把它跟我的珠寶放在一起。裡頭裝的是我擁有的最有價值的一片金屬，所以我永遠不會對它粗心大意，絕對不會把它放在那裡。

但它真的就在那裡。

哈囉，上帝。

袋子裡面有一枚金色和紫色相間的獎牌。我好一陣子沒想到它了。但是，此刻如果不把它拿出來壓在手裡，我覺得會無法穩住自己。艱難的現實再次撞擊了我。因此，在這一天、這一刻找到這份禮物真是太完美了。

我大口呼氣，再次知道上帝在這裡。

我想起了收到這份禮物時的情景。

這是我的諮商師借給我的。真正的紫心勳章。那是政府給予他家人的崇高榮譽，紀念他的姊夫因為試圖拯救他人而殉職。

這位諮商師在一年大半的時間裡為我們進行婚姻諮商，進度緩慢而穩定。我們在他的辦公室花了超過75個小時，還飛往科羅拉多州進行了五次、每次長達一週的密集課程。我們的共識是，雙方看法一致、而且打算繼續一起往前進。所有的破壞都將會得到修復、恢復和修正。

但在最後幾次諮商當中的其中一次，諮商師似乎嗅到有些不對勁。我認為他感覺到了，我們在離開他辦公室之後，將會進入這場戰役最激烈的時期之一。他從辦公室牆壁上取下專業裱褙的框框，拆下後面的支架，取出裡面這枚無價的勳章。他跪在我們面前，將它放在我手中。

「麗莎，緊握住它，需要多久都沒關係。當戰鬥變得激烈時，你會懷疑自己是否能夠生存下來，但請記住現在這一刻，記住我現在告訴妳的話：妳會度過這一切的。如果上帝會頒發紫心勳章，妳絕對能獲得這種崇高榮譽。你正在經歷的事情不會一無用處。你所受的傷不會是一種浪費。這些傷是為了挽救其他更多生命。」

我低頭看著這個超級無敵大禮，無言以對。那一刻偷走了我所有的話，除了眼淚，我無以回應。我擠出「謝謝」兩個字。那天我覺得自己很勇敢。

從那次諮商回家後不到一個月，我的心再次被摧毀。

我無法呼吸。當我的生命彷彿一片片破碎殘骸飛來飛去時，勳章是我唯一能握住的實物。我以為我們已經度過了這個可怕的季節，後來我才意識到，我們甚至還沒有開始痊癒的過程。我認

> 這個過程並不是殘酷地不讓你得到應許；而是要讓你做好準備來接受它。

為的奇蹟雛形，實際上是個陷阱，使我措手不及，再次受到重傷。

多年的這類傷害造成了巨大的破壞。回憶盤旋不去，它們刺穿內心深處最柔軟的地方。

現在，這一天，我再次找到了這枚紫心勳章。它無法治癒我，但確實可以使我穩定。因此，即使步履蹣跚，我也可以在鋼絲上多跨出一步。我今天只需要「多走一步」就好，這一點我可以做到，因為我確信上帝會存在於這個過程之中。

祂存在於過程之中；此外，這過程中還有一個目的。

「長期忍耐」的時間很長，因為你無法用衝刺的方式穿過去，必須一步一步往前走；而下一步可能比之前所有步伐都要更危險。要到達〈詩篇〉40章的那塊磐石，可能需要走一段長路。有時上帝會在瞬間把我們拉起來；有時祂會想加入我們的旅程——在這過程中，我們可以獲得更多的力量、毅力和肺活量，這些都是祂認為我們抵達磐石頂端前所需要的東西。這個過程有一個目的，就叫做準備。

如果上帝認為我們今天可以承受得了應許，那麼祂今天就會將我們拉起來。但是，如果我們不站在那磐石上、沒有唱著輝煌新歌，那是因為祂太愛我們了，因此不能馬上把我們拉起來。這個過程並不是殘酷地不讓你得到應許；而是要讓你做好準備來接受它。

許多的聖經經文都談到了我們在得到應許前所需的過程。以下是我的最愛：

那賜諸般恩典的神曾在基督裡召你們，得享他永遠的榮耀，等你們暫受苦難之後，必要親自成全你們，堅固你們，賜力量給你們。（彼得前書 5:10）

因此，我們自從聽見的日子，也就為你們不住的禱告祈求，願你們在一切屬靈的智慧悟性上，滿心知道神的旨意；好叫你們行事為人對得起主，凡事蒙他喜悅，在一切善事上結果子，漸漸的多知道神；照他榮耀的權能，得以在各樣的力上加力，好叫你們凡事歡歡喜喜的忍耐寬容。（歌羅西書 1:9-11）

他對我說：我的恩典夠你用的，因為我的能力是在人的軟弱上顯得完全。所以，我更喜歡誇自己的軟弱，好叫基督的能力覆庇我。我為基督的緣故，就以軟弱、凌辱、急難、逼迫、困苦為可喜樂的；因我甚麼時候軟弱，甚麼時候就剛強了。（哥林多後書 12:9-10）

我的弟兄們，你們落在百般試煉中，都要以為大喜樂；因為知道你們的信心經過試驗，就生忍耐。但忍耐也當成功，使你們成全、完備，毫無缺欠。（雅各書 1:2-4）

我喜歡在這些經文中看到苦難終會結束。祂會成全我們，而這是有原因的。祂會給我們力量；在我們感到軟弱的時候，祂會使我們堅強。在此過程中，我們正在不斷完善。

當我們認為長久忍耐的過程無法忍受時，我們必須記住，在我們堅強有力量之前，上帝將我們置於那磐石上是會致命的。若祂在新歌還未創作完成之前就要我們唱歌，那將是殘酷的事。

這個過程是有目的的。是的，整個過程會很混亂，到處都是禍坑、淤泥和求救呼號，你不禁懷疑自己的聲音是否被聽見。

你的聲音被聽見了。正如我之前所說，上帝離我們並不遠。祂對你「是否有所準備」遠比對你「是否感覺舒服」更感興趣。上帝會聽你發出的每一個哭號，並將這些聲音編成一首榮耀之歌。祂會將它加入祂的憐憫交響曲中。你將有一個獨奏片段，在那裡面，從淚水中滋生的音符將有助於減輕他人的痛苦。周圍的人會看到你站在磐石上，並聽到發自你腹部的美好事物回音。敵人會動搖、顫抖並害怕地退縮。他對那個女孩感到恐懼。他對你感到恐懼。

你被一個少有人真正發現的上帝的希望所支持著。親愛的受苦靈魂，你是你所處世界的約伯。一個會被錯誤評斷和誤解的人。敵人將試圖絆倒你，並以傷害性的嘶嘶聲，告訴你這一切的痛苦是白受的，藉此撕碎你，別聽進去！

我手裡握著紫心勳章，這告訴了我一些不同的東西。這不僅僅是給我的，也是給你的。在諮商師將它放在我手中的那一刻，我就知道了，這也應該別在你的胸前。如果你今天和我一起在我那安靜的房子裡的話，我就會那樣做。

閉上眼睛深呼吸。你是勇敢的，你是美麗而且是被上帝揀選的，你被揀選來作為一位受勳士兵，在這場可怕但有光榮結局的戰鬥中，努力而戰。

飽受折磨的朋友，請堅持下去。繼續走你的鋼索，我也會繼續走我的。在過程之中繼續尋找祂的存在，我也會這麼做。我們會平安度過這一切的。如果你比我先完成受苦之旅，那就為我加油吧。今天，我仍是那個鋼索上的女孩；但是，我比以往任何時候都多走了一步，朝向實現真正美好應許的路上前進！

今晚睡覺時，我的腳趾可能還是會冷，但我那飽受苦難的心肯定不會。

「希望」代表我在承認上帝主權的同時，也承認現實。

謹記

- 當事情長期處於艱難狀態時，每天會感覺更像是走鋼索，而不是通往未來的堅實穩固道路。
- 我的希望與上帝不變的應許聯繫在一起。
- 我知道在看到神應驗的應許之前，我必須先經歷祂安排的過程。
- 上帝不是在為難我，而是選擇我來親自實現他的應許之一。
- 在我完全有能力得到應許之前，必須先走過過程中的低處。
- 祂在過程中與你同在；而這過程本身也有一個目的。
- 這個過程並不是殘酷地不讓你得到應許；而是要讓你做好準備來接受它。
- 上帝對你「是否有所準備」遠比對你「是否感覺舒服」更感興趣。

接收

那賜諸般恩典的神曾在基督裡召你們，得享他永遠的榮耀，等你們暫受苦難之後，必要親自成

全你們，堅固你們，賜力量給你們。（彼得前書 5:10）

其他參考經文

約伯記 42

詩篇 40:1-4

哥林多後書 12:9-10

歌羅西書 1:9-11

雅各書 1:2-4

反思

- 回想我們談到關於神的存在、過程、目的、準備和應許的內容。這如何幫助你應對自己的失望？
- 思考文中與「過程」相關的經文。哪一段最能引起你的共鳴？
- 你現在渴望看到實現的，是上帝的哪個應許？

天父，

我承認，有些時候我感覺祢已經忘記了我、甚至遺棄了我，因為這場戰役已經持續很長時間了。我承認有些時候我厭倦了希望，厭倦了等待，猜想著這樣的狀況還要持續多久。感謝祢提醒我，這樣的過程是有目的的；而且我在每個過程中都不是孤單一人。祢是我的力量。祢是我的希望。祢是我的歌。請幫助我再次專注在祢的應許上，並且提醒我將希望寄託在祢——只有祢——身上。

奉主耶穌基督的名禱告，阿們！

第七章 當上帝給你的多於你所能承擔之時

上一章文章的每個字、每個音節都是真實的。我覺得自己振作起來了，準備繼續前進，擁抱這些艱辛，成為少數真正堅忍的靈魂之一。

然後，生活給了我更多挑戰。

一件又一件的挑戰。

上一章的墨水還沒有乾，我就得知原本「需要再做一次乳房攝影」的事，變成了「需要切片」。

包括醫生在內的每個人都向我保證不太需要擔心。我沒有乳癌家族病史。我的母親自己也曾接過醫師要她回診做切片的電話，而最後一切都沒問題。我還算年輕，也很健康。此外，去年我已經經歷了意料之外的結腸危機。那個情況加上我正在經歷的所有其他事情，就已經夠我受了。

一切都對我有利。

但是——當亞特和我聽到醫生的嚴肅語氣時，我知道不是一切都沒問題。

「麗莎，你得了癌症。你今天去看診時，他們會告訴你更多訊息，但我想先一步讓你知道我看到病理報告了。我很遺憾。」

我真希望能恰當地描述那一刻發生了什麼事。我周圍的一切都變得異常安靜，一切似乎移動得非常緩慢。我能聽到醫生繼續講話，但我無法理解那是什麼意思。我可以看到亞特眼裡含淚；我能感覺自己試圖在嘴裡形成一些字，但沒有能量把它說出來。我知道我可能會哭，但似乎沒有眼淚可以擠出來。也許我已經用光了？

我剛寫完上一章，正全心全意地相信有一個應許，相信上帝會在過程出現在我人生之中。但是那一刻，祂又感覺如此遙遠而神秘。我感到震驚。然後又感覺好像還好，接著又再次感到震驚。我的感覺似乎無法著陸。我想保持平靜，但接著又不想平靜。我想振作起來，但隨後又覺得崩潰看似很合理。

我安靜不語。

我伸出手，緊抓捏亞特的手。

那個時候不需要任何話語，因為說什麼話都無濟於事。我們沉默不語，開車去醫生要我們去的地方。

我們走進去，被帶到一個房間，桌上放著面紙盒和幾本由癌症倖存者寫的書，旁邊還有一堆關於如何面對癌症診斷結果的小冊子。燈光很溫暖，房間很冷，而椅子是粉紅色的。

我心裡猜想著：這是否可能是某種可怕的錯誤，醫生隨時可能會向我們道歉並送走我們？

我想著在我之前，坐在這張粉紅色椅子上的女人；在我之後坐在同一張椅子上的女人。得到消息後，她們會去哪裡？只是坐回車上、繼續回去工作嗎？找朋友喝咖啡？還是跑回家到床上，把床單蓋在自己的頭上？

你會打電話給誰？會怎麼告訴對方這個消息？

要將癌症這個字加入你的世界而不讓所有愛你的人哭泣，那是沒有什麼簡單的方法可以辦到的。

我一直在思考大家都愛在這樣的時刻拋出的那句話：「上帝不會給你超過你能承擔的。」但這句話其實上不在聖經中。

上帝確實說過，祂不會讓我們「受試探過於所能受的」，祂總會給我們「開一條出路」（哥林多前書 10:13）。但這跟「上帝不會給我們超過我們所能承擔的」是不一樣的。

祂有時會允許讓我們承擔的越來越多。

我知道這一點。現在正坐在粉紅色椅子上的我，正在體現這句話。

而且，當我輸入這些字時，我知道自己不是唯一一個覺得被賦予超過所能承受之人。我在人們臉上常看到睜大眼睛的恐懼表情。一次又一次的悲痛、受傷、心碎、上癮、診斷結果、失望。這個世界充滿了應付著自己能力以外難題的人們。而且，令人驚訝的是，《聖經》中也充滿了被賦予了超出自己所能應付之事的人。

上帝不指望我們應付這個。
祂要我們交給祂處理。

使徒保羅寫道：

弟兄們，我們不要你們不曉得，我們從前在亞西亞遭遇苦難，被壓太重，力不能勝，甚至連活命的指望都絕了；自己心裡也斷定是必死的，叫我們不靠自己，只靠叫死人復活的神。（哥林多後書 1:8-9）

上帝不指望我們應付這個。祂要我們交給祂處理。祂不希望我們集結更多自己的力量。祂要我們完全依靠祂的力量。

如果我們繼續兜著圈子，以為上帝不會給我們超過自己所能承擔的，那麼就會開始對上帝產生懷疑。我們知道所面臨的事情對我們來說是太超過的，我們被重擔所攻擊；被無數的猜疑給打敗。我們都在試圖理解那些根本不合理的事物。在我們可以用健康的方式前進之前，我們必須先承認自己能力不足的事實。

癌症是我無法承擔的……

……無法靠我一個人承擔。

我閉上眼睛，默默要求上帝出現在我身邊，坐在我、亞特和醫生附近那張空的粉紅色椅子上。我需要上帝向我展示祂的觀點，這樣我才能設定自己的觀點。但是祂並沒有馬上出現。這讓我感到沮喪。我充滿了恐懼，心中充滿了「為什麼是這樣的難題？為什麼是現在？為什麼是我？」這類的問題。

我可以感覺到自己的情緒開始瓦解，信任上帝的決心在動搖。這一切實在是太難以負荷了。我不想如此耗盡力氣去相信上帝。我厭倦了一直嘗試為這根本不該如此的人生找到合理的解釋。

那天晚上我上床睡覺時，認真地考慮要逃到蒙大拿州，逃離現在的人生。我可以當早餐餐館的服務生。我二十多歲的時候就當過服務生，我很喜歡那個工作。那時的生活比較簡單。為客人送上培根、雞蛋和烤土司，聽起來很吸引人。但是癌症會跟著我、傷害也會跟我走；甚至我對於「是否可以相信上帝」的拉扯也會跟著我，無論我是逃到蒙大拿、或只是匍匐躲進某個洞穴裡。

我開始告訴自己，人生永遠不會變得更好了。我的心思集中在所有指出「這一季的痛苦將成為新常態」的事物上。

我驚慌失措地醒來，帶著驚慌的感覺行走，也帶著這種感覺入睡。

我知道我的想法必須要改變。

我無法逃離現實。我必須面對現實、走到另一端。但是，也許如果我能改變想法，我就能在度過一切苦難的過程中相信上帝。

思考我所不知道的一切無法幫助我有任何進展。因此，我開始列出我確實知道的事情。

我知道的事主要有哪些？我知道上帝是良善的。我不知道上帝好計劃的細節，但我可以使上帝的良善成為我更新觀點的起點。

因此，現在讓我以上帝的良善為中心，講述最近發生的所有事件。去年夏天，如果我和亞特之間沒有發生任何事，我永遠都不會按下生命中的暫停按鈕，跑去做乳房攝影。我會一等再等。但因為我在那個時間做了乳房攝影檢查，所以醫生發現了需要進一步處理的癌症，也因為如此，我有很好的機會能戰勝它。

是這樣的，我們過的生活是一個故事，而我們告訴自己的也是一個故事。我們只需要確保告訴自己的那一個是正確版的即可。正確的故事是，沒錯，上帝會給我們超出能力所能承擔的，但最終也為我們帶來好事。

我們看到的是越來越多不必要的心碎，但上帝將碎片和部分看作必要的添加成分，以用來保護我們、供給我們，並透過祂越來越多的力量來幫助我們做好準備。我們不必喜歡這點，但是也許知道這點可以幫助我們度過這一切。

一天，我突然了解了這些「碎片或部分」的必要性。在我家附近的一家餐館，幾位女孩在排隊等著拿外賣食物時，走過來向我自我介紹。寶琳和潔西卡都讀過我的書《不請自來》。我們小聊了一下上帝教了她們什麼事，然後談到我接下來要寫什麼。我告訴她們這本書的主題，以及上帝給我有關塵埃的啟示。潔西卡的眼睛閃閃發亮——她的母親是專業的陶藝創作者。

我和她們分享，當我們將塵埃放在神的手中時，祂會將塵與水混合為泥，然後製成任何東西，她大大地微笑。她親眼看過泥在她母親手中形塑出許多美麗的東西。接著，她與我分享了一些使我驚訝不已的事。

她告訴我，高明的陶藝創作者不僅知道如何用陶泥形塑出美麗事物，而且還知道一個關鍵訣竅：就是將之前陶器碎片中的一些塵粉加到新的陶泥中。這種塵粉被稱為「熟黏土」。要獲得這種熟黏土，必須將破碎的碎塊恰當地粉碎成塵。如果碎得太細，就不能為新黏土添加任何結構；如果碎得不充分，熟黏土會變得太粗糙，把製陶者的手割傷。

但是，當它們被碎得恰到好處時，這些熟黏土添加到新陶泥裡面，將能使製陶者塑造出比以往更大、更堅固的器皿；而且可以通過更高溫的窯燒。在上釉之後，這些碎片會比其他處理方式呈現更美麗、更藝術的外觀。[4]

潔西卡笑著說：「嘿！那真像是在佈道呢，是吧？！」

可不是嗎？！我一直在思考潔西卡分享的內容，以及它可能與我的受苦時節有何關係。如果，透過這些新添加的碎片，可以強化我目前生活中所有其他由塵所製成的泥土呢？

接著，我讀了〈以賽亞書〉第45章9節：「禍哉，那與造他的主爭論的！他不過是地上瓦片中的一塊瓦片。泥土豈可對摶弄他的說：你做甚麼呢？所做的物豈可說：你沒有手呢？」

4 與潔西卡列維的對話。

上帝從我的生活中創造出美好。我深知這一點，那麼，為什麼要質疑祂認為可以讓我生活比以往更強大、更美麗所需要的成分？當然，我的診斷結果增加了一些破碎，但即使這樣也可以使我受益。

我重複閱讀著〈以賽亞書〉的那節經文，並決定對「陶瓷碎片」（potshred）一詞做些研究。這是指陶器的破碎碎片。

有趣的是，在約伯患上一種可怕疾病的故事中，也提到了這個字。

於是撒但從耶和華面前退去，擊打約伯，使他從腳掌到頭頂長毒瘡。約伯就坐在爐灰中，拿瓦片刮身體。他的妻子對他說：你仍然持守你的純正麼？你棄掉神，死了罷！約伯卻對他說：你說話像愚頑的婦一樣。嗳！難道我們從神手裡得福，不也受禍麼？在這一切的事上約伯並不以口犯罪。（約伯記 2:7-10）

陶瓷碎片可以被丟在地上，在那裡不斷提醒人們「破碎」的事實。當它被我們一直握在手中時，也可能持續擦傷我們的手、甚至造成更多的傷害。或者，如果將它放在主的手中，我們可以信任大陶匠會將那些碎片粉碎得恰到好處，然後用來重塑我，使我變得更強壯、更美好。

當我理解這一點時，我發現在所有狀況下，上帝都使我保持可塑性，同時在過程中增加了更多的力與美。

我不想得癌症。

我的大腦沒有任何部分認為癌症對收到這種診斷結果的任何珍貴之人是公平的。上帝並沒有在我的生活中造成這種碎片，這是生活在兩個花園間這個破碎世界的結果。

但是，由於我確實患有癌症，所以我不希望這個破碎事實只是被丟在地上白白浪費掉的碎片，或者是握在手上的東西，讓自己更加受傷。我必須將它交出、委託給主。

主啊，請拿著這碎片，把它碎得恰到好處，這樣我就能變得更堅強、更美好，並能夠承受前所未有的高溫窯燒。我相信祢看到了我所無法看見的；而祢會記得做出最終能為我帶來好事的安排。

這種觀點並不能把我的癌症帶走，但確實消除了我必須自己解決這個問題的感覺，把所有的重量從我手中拿走，並幫助我將它交付給上帝。

當我們到達人生中某些地方，讓我們終於意識到有些事確實超過自己所能承受時，我們會舉起雙手投降。這種投降可以透過以下兩種方式之一發生。

我們可能會屈服於敵人，屈服於「這是不公平的，上帝不在這裡，上帝也不是好人」的這種感覺。或者，我們可以向上帝臣服。這種臣服不是讓步，而是交付給主！將那些對我們來說太多的重擔交付給上帝，祂不但可以承擔，而且可以善用它為我們帶來好事。當我們知道上帝可以用人生的微塵和碎片做出美妙之事的真相時，我們就不會屈服於敵人的負面謊言，而會轉而向大窯匠高舉雙手。

既然我們知道需要將生命中這些破碎部分交託給上帝，那麼，我們該怎麼做呢？

上帝是祂說自己所是之人，會做祂說自己會做之事。但是，要與祂協力進行我們人生蛻變的這項工作，我們必須全心全意地尋求祂。我們要卡在傷口之內，還是在心中更新，完全看我們自己的選擇。

一些經常被引用的經文也教導了這一點。但在我引用這些經文之前，我想先做些背景說明。

在〈耶利米書〉中，我們得知巴比倫將以色列的子孫俘虜了七十年。想想看七十年是多麼漫長的時間！如果我們今天必須入獄七十年，對大多數人而言，這可能意味著死於囚禁。七十年是令人難以置信的漫長、充滿不公平和苦難。看來似乎是一輩子的艱辛，生命毫無希望。更別說是這種等級的苦厄，感覺好像不可能有什麼好事會來自於此，還談什麼上帝的觀點？！但是，上帝對以色列人說：「為巴比倫所定的七十年滿了以後，我要眷顧你們，向你們成就我的恩言，使你們仍回此地。」（耶利米書 29：10）。

我們要卡在傷口之內、還是在心中更新，完全看我們自己的選擇。

以上是故事背景和場景說明，接著就來到我最喜歡的榮耀應許：

……我知道我向你們所懷的意念是賜平安的意念，不是降災禍的意念，要叫你們末後有指望。你們要呼求我，禱告我，我就應允你們。你們尋求我，若專心尋求我，就必尋見。耶和華說：我必被你們尋見……。（耶利米書29:11-14）

當我們尋求上帝時，我們會看見祂。我們沒有看到祂的實體身影，但我們看到祂在工作，並且可以開始看到更多祂所看到的，對祂的信任會增加。如果我們的心願意信任祂，祂會將越來越多祂的觀點交給我們。〈馬太福音〉第5章8節教導我們：「清心的人有福了！因為他們必得見神。」如果我們想在自己身處的狀況下看見上帝以及祂的觀點，我們必須尋求祂、祂的方式以及話語。在這些地方，我們會發現祂的美好計劃、充滿希望的應許以及未來。

如果我們發現自己身處不想待的失望之境，長期忍耐的時節一個接一個地來，或者我們知道在永恆的這一面不可能改變的某件事，那麼很容易開始產生一種感覺：上帝的好計劃不適用在我們身上。

我們很容易陷入一種心態，就是認為自己似乎從上帝良好計劃的縫隙中「掉」出來了。事情已經如此確定了；墨水已乾，頁面已被翻過。他們的心太硬了，你的心太痛了。醫生說不可能好了。帳戶破產了。生物時鐘已耗盡。一個困難接著一個困難、一件難事接著另一件難事，而日復一日的禱告似乎都沒有得到回應。

但事實是，上帝時常比我們所意識的更靠近我們。祂看到我們所看不到的，知道我們所不知道的。從他所坐位置的視角，能夠看到所有東西，包括過去、現在和將來；從我們受孕的那一天到回歸塵土的那一天，甚至超越那一天的永恆。

……要聽我言：你們自從生下，就蒙我保抱，自從出胎，便蒙我懷搋。直到你們年老，我仍這樣；直到你們髮白，我仍懷搋。我已造作，也必保抱；我必懷抱，也必拯救。你們要追念上古的事。因為我是神，並無別神；我是神，再沒有能比我的。我從起初指明末後的事，從古時言明未成的事，說：我的籌算必立定；凡我所喜悅的，我必成就。我召鷙鳥從東方來，召那成就我籌算的人從遠方來。我已說出，也必成就；我已謀定，也必做成。（以賽亞書 46:3-4,9-11）

對於以色列人來說是這樣。對我們來說，也是真的。

對他們來說，「將要被囚禁七十年」的消息是絕對的現實；但真理是：上帝有一個好的計劃和目的，不是要傷害他們，而是要給他們未來和希望——即使在他們被囚禁的期間，這個應許也一直在進行中。

我們也可以這樣，透過對於當前處境的更高視角，來將我們長久忍耐之旅的重擔交付給上帝。看似不可能的救贖工作，在祂手中無所不能。換句話說，我們需要記住「消息」與「真理」之間的區別。

「消息」告訴我們，我們要面對的是什麼。

「真理」來自上帝，幫助我們處理所面對的一切。

「消息」與「真理」並不總是一樣的。

我的好朋友桑蒂．菲德翰（Shaunti Feldhahn）幾年前就提醒了我這一點。她在一封談到我所遇困境的電子郵件中說：「麗莎，這是消息，不是真理。」

醫生對我說的是「消息」。基於測試結果和醫學事實的誠實消息。

但是我可以選擇看到超越消息的「真理」。在人類的限制下無法恢復的，在無限的上帝手中，總是有可能的。真相就是將「上帝」放入方程式之後的結果。

我今天對「不可能」一詞的看法有了一點點不同。

在桑蒂的提示之後，我思索著，如果「不可能」（Impossible）的前兩個字母中間加一個撇號，就可能完全不同了：它會變成了「我是可能的」（I'm possible），其中的「我」是指偉大的上帝。因此，他是我獲得希望和醫治的可能。

「我是可能的」——用這句話來檢視任何感覺完全不可能、自己承受不了的事情，令人感到欣慰多了。與其說上帝不會給我多於我所能應付的，不如只要說：「我所面對的一切，都在上帝的掌握之中。」

我想許多人都曾遇過感覺無法克服的事物。也許你剛得知一些壞消息：有不可能挽回的財務狀況、工作狀況、孩子的問題、朋友的問題、或者身體檢查結果等等。

無論你剛獲知或將要獲知什麼樣的消息，我祈願桑蒂的建議也能幫助到你。

那些是「消息」。

而這些是神的「真理」：

我就是道路、真理及生命

耶穌說我就是道路、真理、生命；若不藉著我，沒有人能到父那裡去。（約翰福音 14:6）

我永遠誠實

耶和華造天、地、海，和其中的萬物；他守誠實，直到永遠。（詩篇 146:6）

我與你同在

你不要害怕，因為我與你同在；不要驚惶，因為我是你的神。我必堅固你，我必幫助你；我必用我公義的右手扶持你。（以賽亞書 41:10）

我會扶持你

然而，我常與你同在；你攙著我的右手。（詩篇 73:23）

我是你的藏身之處

你是我藏身之處；你必保佑我脫離苦難，以得救的樂歌四面環繞我。（細拉）（詩篇 32:7）

在這一切之中，給我帶來的最大安慰之一，就是知道上帝會用這些事為我創造出好事；在有時感到如此不可能的狀況之中，上帝將成為我的可能。

當然，我仍然有那些精神上缺乏安全感的時刻，覺得這些碎片似乎堆得太高，自己快要失去理智了，我會哭泣，會耍點小脾氣。

但是我對全能真神滿懷感激。絕對會以真理引導我、教訓我的神；我終日等候的神（詩篇 25:5）。是的，祂可以承擔我知道自己無法承擔的所有事，而且我信任祂會把我的破碎轉化為美好。

回歸源頭

上帝不希望我們處理這事，祂希望我們將它交給祂。

謹記

- 上帝不希望我們集結更多自己的力量，祂要我們完全依靠祂的力量。
- 如果我們一直兜著圈子，以為上帝不會給我們超過自己所能承擔的，那麼就會開始對上帝產生懷疑。
- 上帝會從我的人生變出美好。
- 臣服於上帝不是讓步，而是向主交付！將那些對我們來說過多的重擔交付給上帝。
- 我們要卡在傷口之內、還是在心中更新，完全看我們自己的選擇。
- 上帝離我們並不遠。祂時常比我們所意識的更靠近我們。
- 是「消息」還是「真理」？
- 在人類的限制下無法恢復的，在無限的上帝手中，總是有可能的。

接收

弟兄們，我們不要你們不曉得，我們從前在亞西亞遭遇苦難，被壓太重，力不能勝，甚至連活命的指望都絕了；自己心裡也斷定是必死的，叫我們不靠自己，只靠叫死人復活的神。（哥林多後書 1:8-9）

其他參考經文

約伯記 2:7-10

詩篇 25:5

以賽亞書 45:9; 46:3-4, 9-11

耶利米書 29:10-14

馬太福音 5:8

哥林多前書 10:13

有關「真相」的經文：詩篇 32:7；73:23；146:6；以賽亞書 41:10；約翰福音 14:6

反思

- 你以何種方式質疑上帝將使你生活比以往更強大、更美好？

• 你需要向上帝臣服、交付哪些破碎的東西？

天父，

我，一個因嘗試使用自己的力量做所有事而筋疲力盡的人、準備好接受祢的邀請來臣服的人，今天來到祢前面。今天我要說：我臣服了。我向祢交付那些無法承受的重擔。主啊，請接下這些苦難傷害，將它碎得恰到好處，讓我可以變得更堅強、更美麗，並能夠承受比過去更高的高溫窯燒。

我相信祢對我的愛。我相信祢對我的安排。我相信祢會用這些來為我創造出好事。

奉主耶穌基督的名禱告，阿們！

第八章 放下、擺脫、仰望

在我們共同前進這段旅程的這個時點，我有一個小小的恐懼：我擔心你對我「混亂人生」的想像太過整潔。也許你直接看我的信仰部分，並做出一些印象深刻但不正確的合理假設和結論。如果這樣，你可能會認為，在處理及經歷這類過程時，是因為自己的信仰不夠堅定才會讓事情變得一團混亂。

親愛的……那不是真的。

軟弱的時刻不會使信仰軟弱，而是使我們更加意識到需要堅守信仰。對上帝的信仰可以幫助我們知道，我們所見的並非全貌。軟弱的時刻也會提示我們，在旅程這一部分所需要處理的是什麼。不要在軟弱的時刻被自己打敗，但也不要忽略這些時刻。

我學會了留意自己的軟弱時刻，例如：傷口被觸發，導致我對眼前狀況做出過度反應時，或者，當我對負面事件的立即反應是哭泣、大喊、進入控制狂模式，或當我自認有理而抓狂時，我會意識到那不單單是賀爾蒙改變所造成的，那是因為我有個無人照料的傷口。

今天，可能只是某人問了一個原本是一般對話的問題，但是，由於過去傷口仍與那個主題相關，因此原本簡單的問題引發了一些感覺、接著是一些想法，然後引發了無解痛苦的全面爆發。我的臉部表情故作鎮定；但在腦海中，情緒卻狂野而奔放，被傷害纏繞著，吐出尖刻的言語。突然，我的大腦中打開了成堆的檔案，端出各式各樣、分門別類的大量證據，證明此刻我的感覺是合理的、想法是正確的。我開始回想起這個人讓我有這種感覺的其他時候。我的腦海中有著與不同人過去的對話紀錄，並妥善封存在標記為「必要時作為呈堂證供」的檔案夾之中。

嗯，這些檔案夾中收集的資料還真不少。裡面各式各樣的證據顯示，對方並沒有考慮我的最大利益，對方是不可信的。

實際上，我知道對方是愛我的。我已經原諒了這些檔案中的內容，為什麼突然又以敏銳且精確的細節回想起所有最糟糕的情況？在最近幾個月，他們在我的生活中累積了許多美妙的「存款」，讓我可以確認他們是安全的；但是，由於他們的問題令我感到恐懼，所以關於他們的所有一切突然都讓我感到害怕。我們過去曾經歷的每一個事件都使眼前的狀況更加複雜。

我很難為自己的呼吸找到合適的節奏。我希望對方離開我。同時，我又希望他們靠近我並宣告他們的問題很白痴、然後收回。我希望他們能讀懂我的想法，告訴我我是對的，然後向我出示具有法律約束力的文件，發誓他們再也不會傷害我。給我一個安全的保證，或者給我一張雙方關係的死亡證明！

我輸入的這些字，使我有機會回頭看看，看看自己是如何過度地反應。但在當下那一刻，這些感覺就像我有過最合邏輯的想法。我最非理性的想法將這些檔案中的所有傷害收集在一起，並把它拿到我被問到的這個意外問題所帶來的傷害火花中。不久，熊熊的烈火就爆發了。過去未解決的傷害引發了最悲劇性的狂烈大火。

我已原諒這個人的所作所為，也已經表示原諒了；但是我拒絕撕下我貼在這個人身上的標籤。

不在乎。

不負責任。

冷漠。

有時候，這些標籤可以保護我們，免受惡意人士的傷害；但有時反而會使我們無法真正寬容，即使是健康的人際關係也可能被波及而無法繼續前進。知道這其中的差異是需要智慧的。

我深知對方不會危害我，不應該得到我貼在他們身上的標籤。他們只是問了一個問題，應該用一場有益的交談來解決就好。但是因為過去的感覺餵養了此刻的傷痛，所以我浪費了數小時的情緒能量來思考這個問題，導致整個早上都偏離正軌。我的情緒被劫持了。在整個過程中，我甚至連一次都沒有想起我其實可以做出更好的選擇。這也太厲害了，是吧？

你在持續往前進的過程中，也可能會遇到這些脫軌時刻。這並不表示你的療癒之路無效；這只是表明你是一般人，仍然把某些需要被解決的傷害緊緊握在手中。我也一樣。

這不是譴責自己的理由，而是行動的號召。

我有一些阻礙我的觀點。我有一些無法解決的傷痛，使我退縮。我腦海中仍然有一些檔案需要清理和清除。否則，我前進的努力將被過去的傷痛繫上繩子，時時威脅著把我往後拉，往下扯。

但是，像這樣的凌亂時刻帶給我一樣禮物：使我意識到有些事情要解決，在狀況不好的時候不會再假裝自己沒事；使我停下來，面對真正阻礙我前進的因素；不因我所經歷的這一切重擔而蹣跚爬行，而是要自由自在地往前奔跑。〈希伯來書〉第12章1-2節提醒我們：我們既有這許多的見證人，如同雲彩圍著我們，就當放下各樣的重擔，脫去容易纏累我們的罪，存心忍耐，奔那擺在我們前頭的路程，仰望為我們信心創始成終的耶穌（或作：仰望那將真道創始成終的耶穌）。他因那擺在前面的喜樂，就輕看羞辱，忍受了十字架的苦難，便坐在神寶座的右邊。

為了能夠自由地向前奔跑，我們必須做三件事：

放下阻礙我們前進的一切。

擺脫容易糾纏上身的罪。

存心忍耐，仰望耶穌：他是我們信仰故事的作者。

放下阻礙我們前進的一切

在我先前描述的狀況中，我被問到的問題觸動了內心深處的恐懼……為自己生活帶來更多苦厄的恐懼。由於我懷有這種恐懼感，所以我朋友不用說太多，就可以讓問題自動傾斜到誤解這一端。她只不過是在詢問我可能需要做什麼改變而已；但我聽到的是：她宣稱這件事本來是可以避免的。她根本沒有這樣暗示；那當然是來自我內心一直以來的自我拉扯。因此，她的問題根本不需要說到什麼，就可以觸動我的恐懼。

這並不是說我沒有責任。但是，以這個例子來說，我把非我所做之事怪罪於自己；因非我所做的選擇自我批判。這種恐懼、這種謊言的重擔阻礙了我以更健康的方式前進，令我把一些隱諱的意涵加諸在朋友的話語上。

我終於意識到，如果我能應付這種恐懼，並學習對自己沒有選擇或造成的狀況賦予更加充滿真理的看法，那麼我可能會更願意原諒，不被因恐懼而生的意涵冒犯。我對別人的問題和陳述其實可以有更好的反應；甚至還可能可以勇敢地擺脫各種「呈堂證供」的檔案。

你可能也有自己版本的故事，使你感到快要失去理智以及所有你愛耶穌的證據。我明白。我希望我們能面對這個問題。稍後我會談到如何處理導致困苦的罪惡。但是請聽我說，有時發生困厄並不是因為你做了什麼，而是因為上帝正在安排一些什麼，而這些最終將對你有益。

我們在《舊約》和《新約》中都看到了這一點。之前我們曾提到約伯的故事，在那裡面就已經提過了。朋友們決心找出造成約伯苦厄的原因；但上帝明確指出，他們是因受到誤導而指責。

耶穌在一次與門徒的交談中也提出這一點。還記得之前提到，耶穌用唾沫和泥醫治盲人眼睛的故事嗎？

那段紀錄在〈約翰福音〉第9章當中。不過，我想從那段教義中說明的不只那些，這故事當中還有很多可以真正幫助到我們的。

耶穌過去的時候，看見一個人生來是瞎眼的。門徒問耶穌說：拉比，這人生來是瞎眼的，是誰犯了罪？是這人呢？是他父母呢？耶穌回答說：也不是這人犯了罪，也不是他父母犯了罪，是要在他身上顯出神的作為來。趁著白日，我們必須做那差我來者的工；黑夜將到，就沒有人能做工了，我在世上的時候，是世上的光。耶穌說了這話，就吐唾沫在地上，用唾沫和泥抹在瞎子的眼睛上，對他說：你往西羅亞池子裡去洗（西羅亞翻出來就是奉差遣）。他去一洗，回頭就看見了。（約翰福音 9:1-7）

這個人的失明——他所承受的苦厄和長久忍耐——不是因為他或他父母做了什麼選擇而造成的。這場苦難是被「放」在他身上的，但有其原因。他是被挑選來顯出神的作為的。透過他的故事，耶穌將能閃耀真理與希望之光，讓其他人的人生不會如此黑暗。然後，耶穌從這個人的破碎中帶來醫治。

想想看，在全世界的人當中，這個人被選來宣揚真理以及展示神的作為！的確，這名男子長期因失明而受苦；但在事後看來，我們可以看到所有包裝過的祝福彌補了他的破碎：

- 他被耶穌親自碰觸到，並親身經歷「用塵土與泥醫治眼盲」。
- 他親耳聽到耶穌宣告〈約翰福音〉中記載的七個「我是」之一。在他被醫治之前，他聽到耶穌說：「我是世界之光。」
- 耶穌親自給了他個人救贖的邀請。你能想像嗎？當我們在天堂聊起我們是如何認識主時，這個人會有多酷？！他將是少數可以宣稱自己的救贖邀請是來自與耶穌的面對面談話的人。（約翰福音 9：35-38）
- 他的故事被記錄在聖經中；至到今天，我們還在談論他！

他的故事和祝福都是他獨有的；但是請放心，當你被選來承受苦厄之時，你就是被選來展現上帝作為的有福之人！如果，人生中最糟糕的部分，其實是通向你極度渴望的美好人生的入口呢？

我懂，現在可能有些人會想把這本書扔到房間的另一頭。因為「被選來受苦」的感覺就像是上帝讓壞事發生在你身上，只有一堆痛苦而沒有看得到的獎勵！但是請記住，這不是上帝「造成」的；他只是「允許」這一切發生。上帝沒有為難我們，而是親自挑選我們作為他在世上良善作為的展示。相信我，在永恆中你會希望被選中的（我在本書後面的章節會對此做進一步的解釋，但是現在，你只要知道「獎勵即將來臨！」即可）。

但願我們能看到上帝所看到的全貌；但願我們能看到上帝一定會透過我們和為我們做的所有良善。如果可能稍微瞥見上帝的觀點，我不認為有誰會扔掉這本書，或者垂下頭、握緊拳頭、雙腳重踏；或繼續把所有過去的傷痛一一存檔保管。我想我們可以就只是這樣說：「好吧，上帝為此選擇了我。我可以相信祂會帶領我面對它、度過它，然後超越它。今天的恐懼將會變成那一天的榮耀。」

堅守上帝的觀點。將你攜帶的重擔交給上帝。保持不受牽累和高度可塑的狀態。如此，你也將成為其他許多人的光！

但是，為了與〈希伯來書〉第12章1-2節保持一致，我們也必須處理我們的罪。

擺脫容易糾纏上身的罪

〈希伯來書〉第12章1-2節不僅告訴我們，不要承擔那些加諸我們身上的重擔，而且也要非常小心，不要被自己帶來的罪惡所阻礙。「罪惡」糾纏並扼殺了我們順利進行這場人生比賽的能力。在本章當中，我想談談由自身之罪造成的人生困境。

請聽我說。我的癌症不是我犯下的任何罪行所致。人們所面臨的許多困厄——自然災害、疾病和無法解釋的損失——是我們在〈創世記〉第3章中讀到的墮落之果。我們可能無法擺脫這些情況，但必須要鬆開「沒有帶著上帝的希望視角而承擔著這些重擔」的作法。生活在兩個花園之間的中間地帶，上帝經常利用這些心碎實例，以此來喚醒我們對祂恢復生命能力的覺醒；讓我們的內心嚮往那沒有苦難、只有完美的終極伊甸園。

因此，這就涵蓋了「發生」在我們身上的苦難。但是我在生命中面對的其他困厄——其他部分的受苦受難——則是我在上帝保護性真理之外做出選擇的直接結果。

不管是被放在我們身上的問題、或是我們自己因罪而引發的問題，都必須要釋放——將它們交付給上帝。

我們之前曾談到約伯。他的苦難不是因罪而起，盲人的苦難也不是。但是《聖經》中有另一個人是因為自己的罪惡選擇而背負了重擔。他的名字叫大衛。

大衛與一個名叫拔示巴的女子通姦，之後他震驚地發現自己的罪竟然讓他如此遠離上帝。他的罪惡引發了無法逆轉的後果：拔示巴的丈夫烏里亞（Uriah）被殺；而兩人互通款曲之後生下的孩子也夭折了。這些現實都讓痛苦持續存在，無法消失。這個「追隨上帝之心的人」對自己完全失望，而這些痛苦似乎不可能帶來任何良善的目的。但是他的故事並沒有在絕望之塵中結束！上帝仍在運作，上帝仍有計劃。上帝仍為了一個美好的目的——不僅為了大衛、也為了幫助他人——

而持續發展和形塑大衛！大衛為回應他的罪而寫了〈詩篇〉51章。我認為這是「擺脫容易纏身之罪」的最好例子之一。

請看他話語中的一步步進展：

懺悔：

神啊，求你按你的慈愛憐恤我，按你豐盛的慈悲塗抹我的過犯！
求你將我的罪孽洗除淨盡，並潔除我的罪！
因為我知道我的過犯，我的罪常在我面前。
我向你犯罪，唯獨得罪了你，在你眼前行了這惡，以致你責備我的時候顯為公義，判斷我的時候顯為清正。
我是在罪孽裡生的，在我母親懷胎的時候就有了罪。
你所喜愛的是內裡誠實，你在我隱密處必使我得智慧。（1-6節）

清理：

求你用牛膝草潔淨我，我就乾淨；求你洗滌我，我就比雪更白。
求你使我得聽歡喜快樂的聲音，使你所壓傷的骨頭可以踴躍。

求你掩面不看我的罪，塗抹我一切的罪孽。（7-9節）

創造：

神啊，求你為我造清潔的心，使我裡面重新有正直（或譯：堅定）的靈。

不要丟棄我，使我離開你的面，不要從我收回你的聖靈。

求你使我仍得救恩之樂，賜我樂意的靈扶持我。（10-12節）

呼求：

我就把你的道指教有過犯的人，罪人必歸順你。

神啊，你是拯救我的神，求你救我脫離流人血的罪，我的舌頭就高聲歌唱你的公義。

主啊，求你使我嘴唇張開，我的口便傳揚讚美你的話。（13-15節）

是不是很奇妙？你是否看到上帝是如何接受大衛的罪惡之塵、然後一步步重塑了他？大衛懺悔。他求上帝清理他、在他裡面造新的心；最後則是呼求。

大衛最深的絕望引領他體會到來自上帝的大啟示。

當我們向主臣服時，也會如此。

大衛被邪惡者所施展的誘惑和欺騙，變成了上帝良善作為的見證和宣言。

當我們臣服於主時，結果也是如此。

大衛「懺悔、清理以及在他裡面造新的心」的這個過程不能被跳過或倉促帶過。為了成就最後的恢復以及其呼求的實現，上面的每一步都是必要的。

同樣的，當我們向主臣服時，也會是如此。

請注意，大衛在上面經文的第 13 節中寫的是「我就會」，而不是「我現在會」。罪惡會破壞信任。因此，我們不能指望上帝在我們充分「懺悔」、「清理」和「創造」新的心以取代破碎之心前，就應許我們的「呼求」。當信任破裂時，我們必須依靠長期、可信任的行動和回應重建信任。

因此，大衛及時被醫治並重建了信任。接著，他可以將他所學到的教給別人，讓那些因同樣的罪而受到試探的人也能轉向上帝。

在經歷這樣的時節時，我們可以專注於學習上帝的憐憫本質，以及如何將這份同理心擴及他人。相對來說，這將是我們呼求的一部分。就像大衛的痛苦變成了目的，這對於我們本身以及我們所做之事上也是成立的。當我們知道上帝的觀點是使用苦厄來成就良善之事時，我們的苦難就不會看來過長或過於痛苦。

我最深的絕望會引領我體會到來自上帝的極大啟示。

存心忍耐，仰望耶穌

神學家尤金．畢德生（Eugene Peterson）如此詮釋〈希伯來書〉第12章1-3節的經文：

所有照耀前路的開拓者，所有老手們都在為我們加油——你知道這意味著什麼？這意味著我們最好繼續下去。卸下重擔開始跑，而且永不放棄！沒有多餘的精神脂肪，沒有寄生的罪過。雙眼仰望耶穌，祂是我們參加這場比賽的創始者和終結者，仔細研究祂是怎麼做的。因為祂從未忘記過自己的前進方向——回到上帝身邊的振奮結局，所以可以忍受一路走來所遭遇的任何事情：十字架、羞辱、一切的一切。現在祂在那裡，在榮耀之處，與神同在。當你發現自己的信仰衰滅之時，請再回顧這段故事，逐條閱讀祂如何奮力穿越一長串充滿敵意的對待。那絕對會將腎上腺素注入你的靈魂！（信息本聖經）

我很喜愛尤金提供了身為不斷前進之人的一個秘密，故且稱為「保持正直堅定」的秘密吧。耶穌實現了它，所以我們可以知道這個秘密。讓我們再次看以下經文中這個部分：「因為祂（耶穌）從未忘記過自己的前進方向……所以可以忍受一路走來所遭遇的任何事情。」這就是為什麼我們必須一次又一次地仰望注視著祂，一遍又一遍地翻閱祂的故事——《聖經》。

這就是我們在兩個花園之間度過人生的方式。這就是我們對不合理的事物做出合理解釋的方式。這就是我們在生活不順遂時，仍相信上帝自有良善安排的方式。這是我們面對一次又一次的受傷、長期失望、受苦之際，仍有氧氣充盈的肺部以及安寧喜悅的心靈，在人生賽跑中持續跑下去的方式。

這是我們可以接受事實但又能放心的方式。這就是我們在信仰和感覺間好好拉扯的方式。不要忘記自己前進的方向。讓我們繼續仰望耶穌，祂將向我們展示，如何忍受一路上的苦難。

去年，上帝向我展示了一個影像，傳達祂要我從此以什麼樣的方式展開新人生。我其實不是會「看見某些影像」的那種人，所以一開始我以為只是短暫偶發的想像力而已。但後來我心裡有個感覺：這不是隨機出現的，這真的是來自上帝的訊息。

我心中所見的是一朵美麗的花，用紙一樣薄的玻璃製成。我從各個方面欣賞它，並讚嘆它的形成方式。然後我看到一隻手伸出來，環繞在玻璃花周圍。但是當手握住時，玻璃花砰的一聲碎掉了。玻璃花精美細緻，但易碎，無法對它有所作為。

接著，我看到同樣的一朵花，這次的材質是帶有光澤的金屬。然後同樣有一隻手伸出來，拿著花幾秒鐘。接著，那隻手再次握住花。只是這一次什麼都沒有發生。這朵花沒有任何變化；而我還可以清楚看到，手壓得越緊，鋼花帶給手的痛苦就越大。這朵鋼花堅固但不可塑，它質地太硬，無法讓手進行所需的工作。

接著，我看到了同一朵花，但這次是用白色黏土製成的。每個細節都跟之前一樣，除了以下這部分：當手伸出並握住時，花會隨手移動。黏土從手指之間擠出。那隻手時而交疊時而彎曲地塑造黏土，突然間，這朵花變得更加美麗了。

黏土微妙美麗，但又不會過於脆弱。黏土足夠堅固以保持其形狀，但又足夠柔軟，讓手可以根據需要重新塑形。最後，黏土花成為三朵花當中最美的一朵。

就在那時候，我覺得終於可以稍稍理解一些上帝的視角了。上帝愛我那精緻美麗的部分，但不希望我像玻璃一樣脆弱；上帝使我堅強，但不希望我變成金屬般硬不可塑。

祂希望我像黏土一樣結實牢固，但仍能依照祂對我的目的被塑型、改造。而我唯一能做到這一點的方法，就是仰望注視耶穌。一直注視。

我知道，如果我看事情的觀點也是這樣，那麼就可以更完善地處理人生的一切。

就在上帝給我這一系列「花朵意象」的幾個月後，我與生命之道（LifeWay）召開一場名為「活的話語」的研討會，在會中，我談到有關碎塵的訊息。這次會議與眾不同的地方之一是：我們為參加者提供一些元素，讓她們可以用個人化的方式體驗「上帝通過教義的作為」。我談的是有關塵與上帝活水混合製成黏土、以及用這黏土製成的東西有多美麗而新穎，所以，每位與會者都收到了一小塊黏土。

我看著與會的女士們把自己手中的黏土創作為美麗的作品。那是一段具有深遠意義的時刻，看到她們思考自己生活中的碎塵所在，然後觸摸、塑造黏土，就像上帝在她們身上作用一樣。大家創作出許多饒富意義的形狀，但其中一個作品特別令我會心一笑：那是一朵美妙的花，與我幾個月前在心中看到的景象非常相似。

上帝正在用祂給我的安慰，撫慰這位女士。我的內心充滿了喜悅，有一種得到救贖的感覺。更新的目的在我心中升起。我的狀況沒有改變，但是我對上帝自有良善安排的不確定性已經改變。我可以親眼看到，自己的眼淚並沒有白費。這還不是故事的全貌——它並不能給我所有的答案——但足以幫助我繼續前進。

我有所感觸不是因為我站在人群面前的舞台上，而是因為我看到一位姊妹用黏土塑造出來的花。我看到她因為我的故事而得到幫助。我看到她的眼淚被抹去，她的心中燃起希望。是的，因為我敢於分享自己的秘密，所以她也可以分享自己的。這真是太棒的禮物了！

我的故事與她的故事產生了交集。上帝安排了一切時空背景，確保那一刻我會在那裡、她也會在那裡。他分別帶領我們每一個人；但那天他把我們兩個帶領在一起。我的生活觸動了她，使她感覺不那麼孤單、破碎或無望。她的生活也觸動了我，提醒我，我可以從自己的破碎中分享珍貴而有幫助的啟示。

我創造出不同，而那又回頭帶給我自己多麼大的改變呀！在苦難中掙扎只會帶給你紅澀的雙眼、一頭亂髮和一顆充滿絕望的心。但是，從苦難中發掘出上帝要我受苦的用意，則會產生希望的眼神，頭腦清晰的思想和充滿真正喜悅的心。

無論我們的困厄和失望是出於自己所做之事（例如大衛），還是因為加諸在我們身上的事（例如盲人），上帝的觀點都是為了讓這一切在最終為我們帶來良善。祂有時會允許我們受苦，但絕不會讓我們白白受苦。如果我們放下阻礙我們的一切、擺脫罪惡的糾纏，並存心忍耐仰望耶穌，祂將利用這種苦難發展我們、塑造我們，讓我們為最終目的做更好的準備。

當我們受到苦難折磨時，我們會被塑造得更加有力！

這是我們能在患難受苦中榮耀的方法：

我們既因信稱義，就藉著我們的主耶穌基督得與神相和。我們又藉著他，因信得進入現在所站的這恩典中，並且歡歡喜喜盼望神的榮耀。不但如此，就是在患難中也是歡歡喜喜的；因為知道患難生忍耐，忍耐生老練，老練生盼望（羅馬書 5:1-4）

一心仰望主，減輕了我們的負擔；接著祂接手了我們的重擔並將其用作為光；最後，我們的患難不僅會產生忍耐——對人生這場賽跑的忍耐——而且還會帶來盼望，對所有一切的光榮盼望。這一切，不是很美妙嗎？

如果人生中最糟糕的部分，其實是通向你極度渴望的美好人生的入口呢？

謹記

- 有時苦難會發生，不是因為你做了什麼，而是上帝在安排些什麼。
- 當你被揀選而受苦，也等於被選為彰顯上帝作為的蒙福之人。
- 上帝並沒有「造成」這些痛苦和折磨，祂只是「允許」這一切發生。
- 「罪惡」糾纏並扼殺了我們順利進行這場人生賽跑的能力。
- 我最深的絕望會引領我體會到來自上帝的極大啟示。
- 上帝會用苦難發展我們、形塑我們，使我們為最終目的做更好的準備。
- 當我們受到苦難折磨時，我們會被塑造得更加有力！
- 最終，我們的患難不僅會產生忍耐——對這場人生賽跑的忍耐——而且還會帶來盼望。

接收

我們既有這許多的見證人，如同雲彩圍著我們，就當放下各樣的重擔，脫去容易纏累我們的罪，存心忍耐，奔那擺在我們前頭的路程，仰望為我們信心創始成終的耶穌（或作：仰望那將真道創始成終的耶穌）。他因那擺在前面的喜樂，就輕看羞辱，忍受了十字架的苦難，便坐在神寶座的右邊。（希伯來書 12:1-2）

其他參考經文

詩篇 51:1-15

約翰福音 9:1-7, 35-38

羅馬書 5:1-4

反思

- 哪些重擔阻礙了你，需要被放下？（希伯來書 12:1）
- 哪些罪很容易纏住你？（希伯來書 12:1）
- 此刻要你存心忍耐，是什麼樣的感覺？（希伯來書 12:2）
- 放在你前面的是什麼樣的喜樂，可以幫助你忍耐？（希伯來書 12:2）

天父：

這就是我想要的：我要存心忍耐地參與你在我面前設下的比賽。即使敵人的嘲諷震耳欲聾、而我的身體要求我放棄並回頭，也要繼續前進。我要睜大眼睛，看看阻礙我的所有一切。搜尋我的心，檢視我的人生，幫助我堅定相信「祢是為我好而不是反對我的」、「你不是為難我、而是揀選我的神」這樣的真理。我想要那種能帶給祢榮耀的人生。上帝，今天請幫我喘口氣，我已準備好要再度前進。

奉主耶穌基督的名禱告，阿們！

第九章 讓敵人現形

還記得我在本書第一章中寫到關於敵人的事嗎？如果他可以孤立我們，就可以影響我們。在所有切入點當中，敵人最愛的一種就是透過我們的「失望」。

因此，我覺得迫切需要幫助大家更加了解敵人的運作方式，以及我們如何可以擺脫黑暗的糾纏。我想為大家說明，但同時也希望你能記住上帝話語中的同理共鳴，以及所有話紀錄中的溫柔慈愛。祂的話語中沒有譴責，但有幫助和希望。我不希望我們任何人被敵人孤立、恐嚇和影響。

這不是要暴露你或我，而是為了讓敵人現形。

此外，請不要讓任何關於敵人的討論引起你的恐懼。這些關於敵人的訊息不是要恐嚇各位，而是要讓我們保持在狀況內，最終保護我們，使我們自由。

我正在向自己宣講這個訊息；如果你也收聽到我內心小劇場的廣播，我敢打賭，你會找到上帝使你今天讀到這些話的原因。

敵人利用失望，在動盪的心中造成許多麻煩。渴望某事以消除失望之痛的心，最容易受到最危險形式欲望的傷害，尤其如果這個人沒有主動接受真理，並與活出真理的健康謙虛之人處在同一社群，更是危險。

請記住，在我們未解決的失望中所衍生而出的危險慾望，其實只是一種欺人的陷阱，把你快快拉起、又重重摔下。

我有一位好朋友就曾有過這樣的經歷，她希望你我都能看到，那些她在嚴重的破壞及毀滅發生之前所沒看到的一切。

五年前，這個朋友搬離我居住的城鎮，儘管我們都很想保持聯繫，但人生總是無法盡如人意。我們偶爾通話以及用簡訊往來，但這樣的確很難頻繁互動。我們越走越遠。我想念她，但遙遠的距離使我們想要保持密切往來比預期還要難。

因此，當她發了發簡訊跟我說，她要來參加我的某次演講活動（距離她現居地約幾個小時的車程），我感到無比興奮。

見面的前一個禮拜，我特別買了整套可愛的新衣服，也沒有吃任何麵包。因為，嘿，女孩，你值得我付出這麼多努力！

在我們未解決的失望中所衍生而出的危險慾望，其實只是一種欺人的陷阱。

當我們坐下來享用午餐敘舊時，我的心情超級愉快。她雖然也配合著露出微笑，但我能感覺到有些事情不對勁。真的不對。

我能感覺到。我幾乎可以聞到毀滅的煙味。無煙不起火，事出必有因。因此，我拒絕忽視，也無法忽視。我心中警鈴大作，讓我的手狂出汗。我深深地看著她的眼睛，輕輕地說：「我知道你過得不好。讓我進去你心裡。」

她閉上眼睛，大口吸氣、然後又吐了一大口氣，這動作使她的嘴唇皺在一起，肩膀也塌下來了。

「我做了很糟糕的事。可怕到讓我覺得自己會死掉一樣。老實說，有些時候我還真想死。」我的心開始在胸骨上重重敲擊，感覺好像空氣突然被抽出了房間。我在心裡默唸「不要慌，不要慌」，然後伸手去握住她的手。

一個關於妥協、欺騙和婚姻背叛的故事從她嘴裡傾吐而出，而眼淚從她的眼睛流下。看著你深愛之人的眼睛、並看到眼裡那純粹的恐懼，實在令人心碎。她做出的選擇像鐵球一樣衝擊著她的生活。她的生活不再有柔軟的邊緣和著陸點。她的選擇將曾經美好的東西毀壞殆盡，成了噩夢般的現實。

我知道敵人正在做他最擅長的事情：偷竊、殺害、毀壞（約翰福音 10:10）。當他嗅出我們對危險慾望的興趣時，他很刻意地在我們四周來回游移。他不知道我們的想法，但當我們開始思忖

「有罪」的可能選擇，或是與「妥協」眉來眼去時，他絕對可以看得出來。

她的感情與另一個男人深深糾纏，讓她以為沒有他會死。但是與此同時，內疚和羞恥的重擔正慢慢壓擠著她原本的人生。她感到完全被毀了，完全被困住的她痛苦不堪。

罪惡就是這樣的謊言。它承諾以令人滿意的方式填補我們失望的缺口。事實上，它直奔我們的心，並在其中填滿羞恥。但願我們從一開始就能看出選擇罪惡會對我們造成什麼影響。正如作家拉維．撒迦利亞（Ravi Zacharias）所說：「『罪惡』會使你走得比想走的更遠；讓你停留得比想留的更長；並且讓你付出的代價比想付的還多。」[5]

是的，罪惡就是謊言，而罪惡的微妙建議，此刻正被那個帶著死亡氣息的使者，輕聲地送入你我耳中。但是我們不必坐受那些、使勁不聽。我們可以針對它做些事情。

有個動作對我幫助很大，那就是研究敵人到底想對我做什麼。我曾聽人說過，我們不應該專注於敵人。這我同意。我們不應該專注於他，而是與他作戰。神的話語為我們提供了強大的見解，讓我們可以更加了解敵人的戰術，而這是非常值得研究的。畢竟，上帝確保了那些話語被寫在《聖經》當中，那麼我們就需要閱讀並理解它。如此，我們就能有更好的裝備，迎向敵人的攻擊。

5 Ravi Zaccharias, Good Reads 於六月 3, 2018 引用 https://www.goodreads.com/quotes/746709-sin-will-take-you-farther-than-you-want-to-go.

讓我們仔細看看敵人今天想對你和我的朋友以及對我做什麼：

- 誘惑
- 欺騙
- 指控

誘惑

如前所說，敵人不會讀我們的思想；但是他可以研究我們的模式，聽見我們表達出來的失望。他知道我們的失望會造成痛苦，而我們的大腦需要某種東西來緩解那些疼痛。這是撒旦可以帶著邪惡的試探和誘惑潛入的完美入口。

我真希望每個誘惑上面都貼有警告標籤，這樣我們就會知道做了會有何後果。如果你被引誘要超支花費時，警告標籤可能看起來像這樣：

「你會開始關注他人的生活，看到他們擁有的所有閃亮新事物。一開始時會是一個小小嫉妒的種子，然後它會逐漸成長，直到你自我合理化，認定自己也應該得到那些東西。你會在網上購買額外的商品，然後稍微調整一下每月的預算。但它不會止步於此。罪惡和秘密都有著旺盛的胃口。在不知不覺中，你會把信用卡帳單藏起來不敢給老公看到，在各種關係感情上不誠實，並面臨越來越多的債務。看似微不足道的決定不僅會影響你，而且最終會導致家庭分裂、受到破壞，原本理所當然的平靜生活也不復存在。」

當你受到誘惑而很想八卦，警告標籤上會這樣說：

「你會說服自己，跟朋友分享某人的勁爆八卦是沒關係的，只要在最後加上一句『不要告訴任何人喔』就沒事。每當你洩露一個不是自己可說的秘密時，你就會被著迷的聽眾多接受一點。成為「無所不知」的人會感覺很好；但是，當朋友和家人對你失去信任時，這座紙牌屋將很快瓦解。別人不再認為你是正直或可信之人，你的人際關係將分裂破碎；你曾經說過別人的那些閒話，最後會回到你身上，因為你最終也會成為別人八卦的對象。」

花點時間想一下。你人生中的警告標籤會寫些什麼？

我朋友的警告標籤上會這樣寫：

「妳會認為這是減輕寂寞感受的一種方式，以為這會讓妳獲得自己值得擁有的感受：感到美麗、受人尊敬、引人注目、受人欣賞、被認證為與眾不同等種種感受。妳以為自己是例外，能夠維持打情罵俏的友誼而不會越界，也不會傷害任何人。妳會認為一切很美妙，因為它在你內心深處冰冷多時的地方激發出如此溫暖的感覺。妳會認為所有這些愉快舒適的感覺對你有益。但那全是謊言。你被慾望蒙蔽了，你對真理充耳不聞。你正在摘禁果，那禁果外表看來不錯，但內部充滿了剃刀。你甚至不可能輕咬一小口而完全不被割傷。而且，最糟糕的是，即使因第一口而流血，妳也會被它誘人的甜味所迷住而繼續吃它。你會吞下這種罪惡，完全沒有意識到它正在吞噬你。相信我，妳的感覺在說謊。這不會消除妳的失望，只會使失望加倍，最終帶來毀滅。」

這些警告標籤存在於聖經各處。

例如，〈雅各書〉第1章13-16節和21-22節告訴我們：

人被試探，不可說：「我是被神試探」；因為神不能被惡試探，他也不試探人。但各人被試探，乃是被自己的私慾牽引誘惑的。私慾既懷了胎，就生出罪來；罪既長成，就生出死來。我親愛的弟兄們，不要看錯了。所以，你們要脫去一切的污穢和盈餘的邪惡，存溫柔的心領受那所栽種的道，就是能救你們靈魂的道。只是你們要行道，不要單單聽道，自己欺哄自己。

但是，如果我的聖經積塵已久，而我的良知被壓制噤聲，那麼我的心就有被擊碎的危險。

那不只是歌曲般的詩句。

那是事實。

只有在敵人不讓我們知道後果時，誘惑才會起作用。

如果我們不打開《聖經》，敵人會很高興，而我們有沒有打開《聖經》，他也很清楚。他還知道要在這種脆弱的時候襲擊我們。但是，真理揭示了如何以健康的方式來處理我們的失望，以及上帝可以從中帶給我們什麼好事。如果我們能記住這一點，就可以更清楚地看到撒旦的誘惑到底是什麼可怕的陷阱。

敵人希望我們視《聖經》為太過複雜，以致於難以理解，且太過困難，以致於無法實踐於生活。但這個觀念只是在地獄深處煉造出來的邪惡行銷計劃，我們並不需要買帳。你的心是上帝所造，因此，你的大腦完全有能力接收需要接收的內容，並能夠閱讀上帝在《聖經》中提供的警告標籤。即使大腦不瞭解某些事情，你的靈魂也是由上帝所造，用來回應真理的。你不必是學者，只需要是由上帝創造的——你的確是。因此，你可以領受神的道，而它將實現神賦予你的所有美好意圖。

> 神的道是活潑的，是有功效的，比一切兩刃的劍更快，甚至魂與靈，骨節與骨髓，都能刺入、剖開，連心中的思念和主意都能辨明。並且被造的沒有一樣在他面前不顯然的；原來萬物在那與我們有關係的主眼前，都是赤露敞開的。
>
> 我們既然有一位已經升入高天尊榮的大祭司，就是神的兒子耶穌，便當持定所承認的道。因我們的大祭司並非不能體恤我們的軟弱。他也曾凡事受過試探，與我們一樣，只是他沒有犯罪。所以，我們只管坦然無懼的來到施恩的寶座前，為要得憐恤，蒙恩惠，作隨時的幫助。（希伯來書 4:12-16）

請記住，撒旦知道神的道有多強大，他想讓我們遠離它。所以，千萬不要讓他得逞！

欺騙

上帝創造了真理，真理賦予我們力量；撒旦創造了欺騙，欺騙會囚禁我們。一旦他隔離並囚禁了我們，下一步的計劃就是摧毀我們。罪惡之中，沒有自由。一開始會有火花和煙火般的興奮感，但很快就會消退；隨後黑暗籠罩，你才發現這場派對原來是在監牢裡。

任何與真理不相符的，都是謊言。只要有謊言的地方，就是敵人發揮作用的舞台。他可以讓某人受騙的時間越長，這些人的肉體就越是會尖叫著要求更多的歡愉，很快就成為自己最墮落慾望的奴隸。

這些人是無水的井，是狂風催逼的霧氣，有墨黑的幽暗為他們存留。他們說虛妄矜誇的大話，用肉身的情慾和邪淫的事引誘那些剛才脫離妄行的人。他們應許人得以自由，自己卻作敗壞的奴僕，因為人被誰制伏就是誰的奴僕。（彼得後書 2:17-19）

這些經文呈現的是毋庸置疑的硬道理。「無水的井」是乾燥且無法實現目的的井。這樣的人已經不再充滿上帝的活水，變得冷酷和堅硬，無法實現上帝的旨意。驅動他們的不是真理，而是自己的情感。這就是為什麼說他們也像是「狂風催逼的霧氣」。只是一個小念頭就會成為其內在嚴重風暴的一部分，接管做出決定，最終影響了周圍的人。

如果我們不僅被自己的慾望所欺騙，還使其他人誤入歧途時，就會造成混亂、欺騙、辯解和損害。當我們過著任何一種雙面生活時，就會誤導他人。當我們自己做出不有益的選擇時，也無法將其他人帶到有益的地方。

但是請記住，這是一個急迫的警告，用意是在幫助我們，而不是使我們蒙羞。後來還有幾節經文提醒我們，主不願任何人滅亡，而是要讓所有人悔改（彼得後書 3：9）。

上週，我聽到我的朋友列維．盧斯科牧師（Levi Lusko）說：「當上帝說『不要』時，我們應該將它解讀為『不要傷害自己。』」

當我們從《聖經》中讀到更多有關被欺騙的危險時，請想想上帝那保護之聲。

不要自欺，神是輕慢不得的。人種的是甚麼，收的也是甚麼。順著情慾撒種的，必從情慾收敗壞；順著聖靈撒種的，必從聖靈收永生。（加拉太書 6:7-8）

但是，我們不僅要閱讀有關欺騙和慾望的警告，也要讀讀「該如何處理慾望」的真理。首先，我們必需誠實地面對驅動慾望的動機。「我想要什麼」並不意味著那是上帝要給我的最好選擇。我可以做某事，並不意味著我應該做某事。

「凡事都可行，但不都有益處。凡事都可行，但不都造就人。」（哥林多前書10:23）。如果我們厭倦了指望上帝，因想擁有別人有的東西而不振，因為未解決的傷害而痛苦，或者渴望獲得某種解脫，那麼我們就有欺騙自己或被敵人所欺的危險。花時間檢查自己的動機，這一點很重要。我會這樣挑戰自己：「這會讓我更像基督，還是更不像祂？」其他問題包括：「這會幫助我在精神、情感和身體上更健康嗎？」和「我所認識在靈性上最成熟的人，會認為這是一個好的選擇嗎？」

接下來，我們必須知道上帝會提供什麼來取代不健康的慾望。在基督之前，我們有慾望，儘管那些慾望在此刻令人愉悅，但最終會導致毀滅。但是，在我們成為新造之人後，我們的慾望應該會與上帝一致。以下是探討這個問題的幾節經文：

你們死在過犯罪惡之中，他叫你們活過來。那時，你們在其中行事為人，隨從今世的風俗，順服空中掌權者的首領，就是現今在悖逆之子心中運行的邪靈。我們從前也都在他們中間，放縱肉體的私慾，隨著肉體和心中所喜好的去行，本為可怒之子，和別人一樣。然而，神既有豐富的

憐憫，因他愛我們的大愛，當我們死在過犯中的時候，便叫我們與基督一同活過來。你們得救是本乎恩。（以弗所書 2:1-5）

因此，他已將又寶貴又極大的應許賜給我們，叫我們既脫離世上從情慾來的敗壞，就得與神的性情有分。（彼得後書 1:4）

談到這裡，我必須承認這對我們來說可能很難。當人類的慾望被否定時，它們會高聲尖叫，要求以最簡單、最快速的方式獲得滿足。也許我們已經發誓不會再發生其他不良關係，或者宣布這次將堅持健康的飲食計劃；又或者向所愛之人許諾，不再因濫用藥物做出破壞性的選擇。但是生活總是充滿變化與無奈。

我們會寂寞，會突然迫切渴望與某個人保持親密關係，即使明知對方不合適。那一刻，上帝的真理似乎一點也不吸引人。

我們會感到飢餓。那種渴望難以抑制，因此來份大薯立即滿足食慾，感覺是非常合理的作法。那一刻，上帝的真理似乎一點也不吸引人。

我們會不知所措。我們剛剛走出那些痛楚，所以麻痺似乎比信守諾言更為必要。那一刻，上帝的真理似乎一點也不吸引人。

相信我，這些我都懂。我正在經歷這些我用「現在式」談論的苦難。這就是為什麼我也可以溫柔而肯定地說，除了上帝對我們的最好安排以外，其他慾望都是空洞的解決方案，只會增加我們的孤獨感、腰圍以及痛苦。

上帝沒有向我們說不，他正在為我們計劃更好的東西。我們所有人真正想要的是更貼近上帝。祂給我們的最好東西，是讓我們真正滿足的唯一來源。祂是我們每一個慾望的唯一答案。祂掌握了所有關於我們「失望」的答案，並將以祂的方式、意志和時機指引我們的慾望。祂為好事制訂了好計劃。祂的禮物不是以困惑、焦慮，內疚和羞恥包裹。〈雅各書〉第1章16-17節向我們保證：「我親愛的弟兄們，不要看錯了。各樣美善的恩賜和各樣全備的賞賜都是從上頭來的，從眾光之父那裡降下來的；在他並沒有改變，也沒有轉動的影兒。」

敵人親手設計騙局，目的在於使你的注意力、感情和敬拜遠離上帝——我們內心渴望的唯一真正滿足泉源。撒旦背叛了造物主，他希望你也這樣做，陷入追求永遠無法滿足的慾望中。敵人希望你迷戀於被造物品的樂趣，而非造物主的喜樂。

還記得夏娃期待有一棵樹能賦予她智慧，但那本來是不打算要給她的？她獲取了善惡的知識，而非智慧。而擁有這些知識並沒有讓生活如她所想的更好。此外，她也因此不得不背負著原本不需背負的罪惡重擔。看來如此甜美的水果沒有為她帶來滿足，反而使她背負了恐懼、焦慮和羞恥。

這些真理原本可以協助警告我的朋友，提防她所面臨的狀況。當我被那些「不是上帝此刻為我準備的最好安排」所吸引時，這些真理也應該是明顯的警告信號。

我們都會被某些東西拉扯著。

每個人都會。

坦誠面對這一點，是遠離敵人，再回頭轉向上帝的第一步。我們以為自己能不被敵人戰術所影響的那一刻，也會是驕傲、自我依靠與自我欺騙高漲的一刻，神的話語被淹沒的一刻。

相信我，敵人對於挖掘你「失望」的興趣，不亞於對我朋友的興趣。敵人從不休假，所以我們也不應該在學習神之聖言的這條路上休假。我們連幾個小時都不希望沒有水，當然更不可能是幾天或幾週沒有水，我們應該以同樣的方式來看待上帝為我們靈魂預備的活水。撒旦並不懼怕我們外表的堅強；但他會注意到口渴靈魂的極度渴望。他偷偷摸摸而狡猾地滑行到我們身邊，微妙地在適當的時機——我們不知不覺變得軟弱到無法思考的那一刻——提供了適當的東西，讓我們覺得：嗯……這看來不錯。可能真的可以滿足我。

在我朋友的故事中，開頭就是那麼微妙。她相信了那些謊言，以為只是單純好玩，只是一點打情罵俏而已。幾次的互動使她感覺自己是特別的、與眾不同、受到注意的。不過別擔心，因為她每個星期二都參加查經班，每個星期天都上教堂呢。當然啦，她自己是不會打開《聖經》的；那不過是隨身攜帶的配件裝飾，但老實說，她從別人分享的東西中，已經得到足夠的啟發了。

她選擇性地聽取別人講述的教義，設法讓自己感覺一切都沒關係。那些閃爍著警告訊息的經文呢？她認為那些太嚴格了，問題真的很大的那些人才適用。

她認為這種打情罵俏沒關係，藉此來彌補她對結婚十五年丈夫的失望。

因為丈夫沒有滿足她的需求，不再刻意表達感情。他對她的期望不切實際；在她不能滿足他的需求時，對她諸多挑剔批評。

她會站在廚房，盯著坐在書房的他。她會瞇起眼睛，想著她眼中的他所缺乏的一切。她曾經提議兩人接受婚姻諮商，但他拒絕了，說他們不需要。然後，他鼓勵她計劃再次旅行，讓兩人暫時外出度假，重新與彼此連結。

但是信用卡已經刷到最高額度了。她翻了個白眼，把思緒轉向其他人。他很體貼、風趣，懂得花言巧語。送禮闊綽，荷包滿滿。

他很體貼、有趣，也跟別人打情罵俏——這些都沒關係。他也結婚了——這也沒關係。他說她對他來說很特別，而她選擇相信他。

他們可以只當工作上的朋友。

特別的朋友。

可以互相傾吐家裡麻煩事的朋友。

他們可以在午餐時見面就好。

那就像是在溼滑的斜坡上緩慢下滑。一個又一個的理由織成了一片欺騙之網。當我們聽了敵人的謊言，很容易也開始自己講出謊言。

一天幾則簡訊變成了全天候停不了的對話。

原本感覺只是一點點情感上的刺激，現在卻像是一條情感生命線。她渴望更多。他也是。

沒多久就一發不可收拾了。

這一切似乎重新給了她生命；直到有一天，她從購物中心遠處看到他，親吻了另一個女人的額頭。

她很震驚。那是他們之間說再見的特殊方式。

匕首刺穿了她的心臟。她忍不住流下眼淚。當她第二天在休息室找他問話時，他根本不甩她。他讓她覺得很渺小，而且還有點瘋狂。

遊戲不再有趣。

噩夢持續了一年多。

她不想放手，但他不願承諾。即使他願意，她內心深處也感到困惑和衝突。她認為事情會像最棒的浪漫電影一樣展開。但是，你不可能從一堆謊言中造出某個真實的東西。

她一遍又一遍地低聲對自己說：「我只需要忠於自己。跟隨我的心。如果感覺很好，那就一定很好。我值得擁有我想要的東西一次。至少就這麼一次。畢竟，上帝會想要我快樂。」但〈耶

如果我們要忠於自己，最好確保是忠於完全臣服、得到醫治的、健康的那個自己，也就是上帝要我們成為的那個模樣。

利米書〉第17章9節清楚表明，我們的心是不能被信任的：「人心比萬物都詭詐，壞到極處。」我們的情感告訴我們的每一件事，都必須要有神的真理作為支持。否則，我們將容易受到敵人影響，讓他扭曲我們的思想和感情、並利用它們來欺騙我們。

我的朋友沒能意識到的是：她是忠於最不健康的自我。如果我們要忠於自己，最好確保是忠於完全臣服、得到醫治的、健康的那個自己，也就是上帝要我們成為的那個模樣。〈詩篇〉第19章14節可以幫助我們確定這一點：

耶和華——我的磐石，我的救贖主啊，
願我口中的言語、心裡的意念在你面前蒙悅納。

是的，我口中的言語和心裡的意念必須蒙主悅納。只有當我將我的言語、思想和慾望與《聖經》經文保持一致時，這種情況才會發生。

否則，我們對於「消除失望帶來的痛苦」這種渴望，會把我們直直引導向敵人的謊言、落入他破壞性的掌控。我們一定不能忘記，我們靈魂的飢餓只能靠每日補充「真理」來獲得滿足，否則很容易會想要以「欺騙」當為點心。

指控

不管敵人的謊言一開始多麼誘人，或看似與你自我照顧的思維多麼契合，請記住，撒旦不想成為你的朋友。他不想幫助你找到幸福。他想指控你。

他會用所有的誘惑和欺騙來對付你。當我們犯罪時，我們會給魔鬼一個個人腳本，說明如何使我們感到自己不夠格、不應該被原諒。

對撒旦而言，最糟糕的事就是我們相信上帝愛我們，總是想著為我們好，並寬恕我們的罪。為什麼這會讓撒旦恐懼？他為什麼要讓你陷於罪惡，沉迷在欺騙中，並陷入指責的流沙，難以前進？因為他要你閉嘴。這不是很有趣嗎？〈啟示錄〉第12章10節告訴我們，撒旦是日日夜夜都在上帝面前指控我們的人；但下一節經文又告訴我們，敵人被羔羊的血和我們所見證的道給擊敗了。

我們的敵人從來不希望見證出自我們的口。因此，他從來不希望我們經歷自由、真理和救贖。不管我們生活中的塵是不是自己創造出來的，他都不希望那些塵被交到上帝手中。

上帝為我們的塵埃製定了計劃，但敵人也是如此——在敵人的計劃中，除了毀滅和死亡以外沒有其他。他從不希望我們看到上帝提供的新開始。

他想消滅我們。他想消耗掉我們的塵埃，所以永遠不會有任何好事從中而生。

請記住我們在〈創世記〉第3章14節讀到的：「耶和華神對蛇說：……你必用肚子行走，終

身吃土。」（新欽定版聖經）

這是來自上帝的後果，但撒旦很狡猾。他想出了一種方法，同樣使用這一點作為策略，來嗅出我們的塵埃、然後吃掉它。

你知道嗎？直到今天，蛇仍會刻意而有目的地吃和舔塵土？我發現了一些有趣的研究發現，正好支持了這節經文：

蛇的口腔上顎有一個器官叫做鋤鼻器（Jacobson's organ）。這有助於蛇在鼻子以外也能聞到氣味。牠會用分叉的舌頭尖端撿取一點塵作為取樣，接著送回口腔內部的鋤鼻器。一旦以這種方式聞到了塵，牠就必須清潔舌頭，以便立即重複這樣的過程。

所以，蛇真的會舔塵並吃掉它。[6]

【譯註】鋤鼻器是蛇類一個重要的嗅覺器官，有神經和腦相連通。蛇類叉狀的舌頭能不斷吸進並檢測周圍空氣中帶氣味的小微粒。當這些微粒粘到分叉的舌面時，就會被送到顎部的鋤鼻器去檢測，判斷是食物還是其它東西。）

我相信，就像今天的蛇一樣，我們的精神敵人也會嗅出我們身上的塵埃，並以此為食。

6 Carl Wieland, "Snakes Do Eat Dust," Creation 10, no. 4 (September 1988), 38, https://creation.com/snakes-do-eat-dust.

他希望我們只看到破壞、死亡和失敗。他希望他的指控使我們聽不見上帝對救贖的應許。此時，帶著試探的溫柔誘惑和緩慢的欺騙誘惑，轉變成了惡毒狂怒的指控。他從來沒有想要用歡愉來安慰你，也不想用理由來撫慰你。一直以來，他的目的都是用他的指控來粉碎你。

這是他的腳本：

誘惑：你不想感覺好一點嗎？試試這個吧……真的太美妙了。

欺騙：這是你應得的。你很特別，不會因此受罰的，而且沒人會知道。這將成為你當之無愧的歡愉。

指責：看看你做了什麼！上帝對你感到羞恥！當人們發現時，他們會羞辱你，並將你視為失敗者。因此，這件事最好能保密。這不僅是你做出的選擇，也代表了真正的你。你永遠都不會擺脫這種恥辱，也不會因這種痛苦而得到醫治。你能做的最好決定就是麻木那些痛苦。至於要如何做到這一點嘛，我倒是有一些建議……。

這就是許多人一步步遠離上帝救贖的過程，一步步深入到誘惑、欺騙和指控的黑暗循環中。

如果你也身處在這樣的狀況之中，請思考〈彼得前書〉第1章6-7節所表達的希望，藉此幫助我們了解，當我們將所經歷的一切——生命中所有破碎和塵埃季節——臣服給主時，那會使我們的信仰更加真實，並為上帝帶來更多的稱讚、榮耀與尊貴：

因此，你們是大有喜樂；但如今，在百般的試煉中暫時憂愁，**叫你們的信心既被試**

驗，就比那被火試驗仍然能壞的金子更顯寶貴，**可以在耶穌基督顯現的時候得著稱讚、榮耀、尊貴**。

然後，第 13-16 節告訴我們，在瞭解了上帝對救贖的好計劃之後，我們該怎麼做：所以要約束你們的心，（原文是束上你們心中的腰），謹慎自守，專心盼望耶穌基督顯現的時候所帶來給你們的恩。你們既作順命的兒女，就不要效法從前蒙昧無知的時候那放縱私慾的樣子。那召你們的既是聖潔，你們在一切所行的事上也要聖潔。因為經上記著說：「你們要聖潔，因為我是聖潔的。」

不要被「聖潔」的想法給嚇壞了。上帝不期望完美，祂只希望我們完全臣服於祂的方式和祂的話語。

最後，〈雅各書〉第 5 章 13-16 節告訴我們，在遇到麻煩時該怎麼辦：你們中間有受苦的呢，他就該禱告；有喜樂的呢，他就該歌頌。你們中間有病了的呢，他就該請教會的長老來；他們可以奉主的名用油抹他，為他禱告。出於信心的祈禱要救那病人，主必叫他起來；他若犯了罪，也必蒙赦免。所以你們要彼此認罪，互相代求，使你們可以得醫治。義人祈禱所發的力量是大有功效的。

與朋友見面時，我把這些經文又讀了一遍，然後和她一起祈禱。我也讓這些真理深深流經我強烈的失望之中。這幫助我意識到，要不是上帝的恩典，我也可能身處我朋友那樣的境地。我們與惡——那些從未想到過的罪惡狀況——的距離，只不過是幾個差勁的選擇而已。

在一起研讀這些經文後，我對朋友的回應可能有些令她驚訝。我抬起頭，含著眼淚，輕聲地對她說：「謝謝。感謝妳讓我走進妳的心。謝謝妳讓我有理由如此認真地研究這所有內容。感謝妳夠勇敢，讓我看到失望被危險慾望所取代有多麼危險。感謝妳讓我看到了敵人總不希望我們看到的一切：我們被那些慾望拖行，其後過導致我們作出致命的選擇。妳的故事不會白費。上帝已經利用敵人眼中的惡來為我們創造良善。」

救贖就在這裡，那些塵埃已經為你我而更新。敵人或許是惡毒的，但他絕對不會得勝。

如果我的聖經上已經佈滿灰塵，而我的良知被壓制噤聲，那麼我的心就有被擊碎的危險。

謹記

- 在未解決的失望中所生出的危險慾望，其實只是一種欺人的陷阱。
- 敵人想引誘、欺騙和指控你。
- 只有在敵人不讓我們知道後果時，誘惑才會起作用。
- 真理揭示了黑暗，幫助我們看到，撒旦引誘我們進入的是多麼可怕的陷阱。
- 你的靈魂是上帝所造，用來回應真理的。
- 上帝創造了真理，真理賦予我們力量；撒旦創造了欺騙，欺騙會囚禁我們。
- 敵人親手設計騙局，目的在於使你的注意力、感情和敬拜遠離上帝。
- 如果我們要忠於自己，最好確保是忠於完全臣服的、得到醫治的、健康的那個自己。
- 上帝不期望完美。祂只是希望我們完全臣服於祂的方式和祂的話語。
- 如果我忘記了靈魂的飢餓只能靠每日補充「真理」來獲得滿足，可能會很容易想要以「欺騙」作為點心。

- 你的故事不會是白費的。

接收

所以要約束你們的心，謹慎自守，專心盼望耶穌基督顯現的時候所帶來給你們的恩。你們既作順命的兒女，就不要效法從前蒙昧無知的時候那放縱私慾的樣子。那召你們的既是聖潔，你們在一切所行的事上也要聖潔。因為經上記著說：「你們要聖潔，因為我是聖潔的。」（彼得前書 1:13-16）

其他參考經文

創世記 3:14

詩篇 18:30-32; 19:14

耶利米書 17:9

約翰福音 10:10

哥林多前書 10:23

加拉太書 6:7-8

以弗所書 2:1-5

希伯來書 4:12-16

雅各書 1:13-17, 21-22; 5:13-16

彼得前書 1:6-7

彼得後書 1:4; 2:17-19; 3:9

啟示錄 12:10-11

反思

- 如果你所面對的誘惑上貼有警告標籤，那上面會寫些什麼？
- 你允許敵人採取哪些看似微小的方式，來潛入你的「失望」之中？
- 回顧本章中提到敵人追擊我們的三種方式。有任何一種讓你感到驚訝嗎？你要如何對他的詭計更加警惕？

天父：

我不想成為敵人可以輕易孤立或恐嚇的人，一個容易受到敵人謊言的影響、並被其狡猾詭計所吸引的人。我想過著沒有那些糾纏的人生。因此，我非常感謝祢的聖言帶給我的那些不可思議的禮物。當我每天安坐閱讀祢的真理時，請指引我、教導我，讓我的心、我的腦做好戰鬥的準備。啟發我並賦予我力量，判定我有罪並給予我安慰。向我闡明敵人的詭計，並給我力量堅強面對。我今天宣示，儘管敵人如此狠毒邪惡，但他不會在我的生活中取得勝利——因為祢以及祢的真理在我內心和人生中發揮著巨大作用。

奉主耶穌基督的名禱告，阿們！

第十章　我的戰鬥宣言

有些時候，我可以說是「尷尬女王」。尤其是當我完全措手不及，無法理解發生什麼事的時候。韋氏詞典對「尷尬」的定義之一就是「缺乏保證」。

沒錯，切中要點。

我想得到可靠保證，承諾我的生活會與預期的完全一致。但實際上，我的生活很難預測。而且當它偏離計劃時（時常如此），我會感到慌亂，只能以尷尬的方式與他人互動作為回應。

不是我想要尷尬，只是我真的非常喜歡「正常狀態」的平靜感。我喜歡計劃，喜歡事情按計劃進行。我希望所有相關人員都按照計劃走。我希望我周遭的人保持在安全和可預測的界限之內。我不想要遇到任何意外偏離計劃的情況，一點也不想。

哈囉，不切實際。

哈囉，來自「失望派對」的邀請函。

哈囉，對失望的尷尬反應。

例如去年的大腸鏡檢查。細節在此就不多說了，基本上就是將裝有微型攝影機的管子從肛門插入體內，對大腸進行一些檢查。我知道也清楚意識到，光是做這段描述就很尷尬了；而實際去做這項檢查本身可以再更尷尬一點，尤其如果你叫麗莎．特克斯特的話。

我以為自己知道會發生什麼，但我所經歷的與期望完全不符，整個過程的折磨讓我感到措手不及。首先，做檢查的前一天，整天不能吃東西。什麼？！然後，你必須喝一些瘋狂的東西，用意基本上就是要強力清理你的腸道。真的很噁心。

所以，即使在做檢查之前，我內心都還一直在想，這一定是在跟我開玩笑吧？

一切準備就緒後，他們會用麻醉讓你睡著以進行實際流程，即插入管子。但是在極少數情況下，患者的恐懼、新陳代謝、希望掌握控制的絕對念頭、或其他瘋狂的事情，會使麻醉對身體不起作用，因而在過程當中醒過來。我們不要對這類人做什麼精神分析，因為我就是那其中之一。

我醒過來了。

當然，我不記得自己當時有醒過來；直到第二天我的醫師告訴我，我才知道這段插曲。那是一次有趣的談話。我慢慢意識到，現在醫生如果被問到「是否可以分享一個您遇過最不尋常的好笑案例？」他可有新故事說了！這令我尷尬到臉紅到不行。

各位聽好了。據說，我當時舉起手說：「抱歉抱歉，但麻醉對我沒有作用。我有點痛，有點不舒服，我現在必須要走人。」

然後我跳下檢查台，像在抓錢包一樣地在空中亂抓一通，然後說再見。

尷尬到爆……到底是怎麼回事？拜託告訴我不是這樣。

醫生冷靜地回答：「好吧，麗莎，在你走之前，你可能會想讓我把管子拉出來。所以，麻煩先回到檢查台上幾分鐘。」

醫生第二天與我分享這件事時，他不得不在這裡暫停。他知道自己不該笑，所以把嘴唇交疊狠狠咬在嘴裡忍住，直到可以繼續說下去。「我以前從未碰到病人跳下檢查台的。從來沒有。」

總之，如前所述。

就像我說的，我不喜歡措手不及的感覺。我想，這種恐懼已經深深與我的人生交織了，所以即使是潛意識，也會對那些沒有按照期望進行的事情做出反應。

閱讀本書至此，你可能已經發現這一點了。在前面的章節中，讀者可能會認為我和亞特分開了。在寫那些章節時，我們的確還沒有復合；甚至到現在，我們也沒有住在一起。但是等一下你會讀到，他握著我的手，陪我度過癌症難關；然後你又會讀到，當這本書出版時，沒人能保證我們會是什麼狀況。

我的人生中有個名為「人生看來不像我想的那樣」的漫漫長季。我沒有一絲一毫不希望成功度過這難關。我要我的家人在一起。但是有些事情必須改變，我們才能健康地重新再來過。那些事情需要時間，而且每個人都必須做出彼此調和的選擇。

一切都如此不可預期。有時還有點尷尬。

我猜，你在人生的某些處境中，也會有同樣的感覺。你的情況可能有所不同，但是那個「未知因素」也使你有些尷尬。

也許你在工作中感到不安；你認為上帝正在帶領你到其他地方，但祂尚未透露下一步的打算。因此，此刻的你每天走進辦公室，就只是拖著皮囊而已。好尷尬。

或者，你的孩子今年遇到一位不適任的老師。你已經和老師談過了，但沒有任何改變。你也和學校反應過了，但也沒有任何改變。你感到疲倦和無助，並不斷陷入使你和孩子措手不及的各種狀況中。

又或者，你一直看著周遭的每個人都找到真愛、步上禮堂，開始過你所夢想的人生。然後幾個月前，你遇到了一個符合所有期望條件的對象。你們很合得來；你告訴朋友，這可能就是你的真命天子（女）了。然後，這週你感覺那個人退縮了。你難以理解。你感到驚慌，但你越往前逼近，兩人之間的距離感覺就越遠。

「不是我想像的那樣」的場景會以無數種形式出現，喚起人們的不確定感、恐懼和疲憊。

無論你遇到的是什麼狀況，都可能會覺得自己無法改變；但你仍然必須活在當下的現實世界中。有時，你只需要走進「我不知道」的狀態。

上帝在其聖言中就已明確指出，在兩個花園間的中間地帶生活，事情不會總是像我們希望的那樣。

在世上，你們有苦難。（約翰福音 16：33）

一天的難處一天當就夠了。（馬太福音 6：34）

親愛的弟兄阿，有火煉的試驗臨到你們，不要以為奇怪（似乎是遭遇非常的事）。（彼得前書 4：12）

這所有苦難令人筋疲力盡。走在「我不知道」的路上真是恐怖。

而那就是我的位置。

那就是讓我們疲倦的地方，在此，對未知的恐懼觸角可能對我們產生致命的影響。

恐懼似乎是失望的近親，兩者一定有「親戚關係」，因為我們如此深深地感覺到它們，它們可以如此輕易地麻痺我們。對此，許多基督徒有一些老生常談，但那些話卻又反將自己一軍。我們迫切希望讓事情變得比實際更容易。

我完全懂。

但是，在兩個花園間的中間地帶生活，多數事情並非如此。我們經歷了一個失望後，又來了另一個、然後又另一個。

舒適安逸並不是需要追尋的解方；
那是當我們與主親近時所會收穫的副產品。

我們完成了大腸鏡檢查的準備工作，但隨後發現自己在進行過程中跳下檢查台。這輛瘋狂的火車要在哪裡停下來？我想下車，拜託。

我們都一直在思考，如果能度過眼前的困境狀況，那麼一切都將安定下來，最後，「從此以後過著幸福快樂的生活」這行字幕就會在畫面中緩緩升起，畫面中的我們快樂地蹦蹦跳跳，消失在燦爛的日落餘暉之中。

但是，如果「安定下來、失望退散」是發生在你身上最糟糕的事情呢？

如果你的「我不知道」是在幫助你，而不是傷害你呢？

如果「我不知道」正在幫助你放開不該知道的事（因為那些知識對今天而言負擔太重了）。而你所認識的主完全有能力承受這一切——如果是這樣呢？

還記得我們剛剛讀到有關各種苦難煩惱的經文嗎？

以下是完整的經文：

「我將這些事告訴你們，是要叫你們在我裡面有平安。在世上，你們有苦難；但你們可以放心，我已經勝了世界。」（約翰福音 16：33）

「你們要先求他的國和他的義，這些東西都要加給你們了。所以，不要為明天憂慮，因為明

天自有明天的憂慮；一天的難處一天當就夠了。」（馬太福音 6:33-34）

親愛的弟兄阿，有火煉的試驗臨到你們，不要以為奇怪（似乎是遭遇非常的事），倒要歡喜；因為你們是與基督一同受苦，使你們在他榮耀顯現的時候，也可以歡喜快樂。（彼得前書 4:12-13）

想要在我們所面對的一切狀況中保持平安，最關鍵的細節就是與主保持親近。請在以上段落中圈出這些詞：「在我裡面」、「要先求」、「一同」。

我們遇到「我不知道」時，希望能另尋舒適安逸。但那並不是解方，那是當我們與主親近時所會收穫的副產品。

如果我們今天渴望獲得的「舒適安逸」和「確定性」其實是自滿的致命配方，將我們的心越來越遠離上帝呢？聖經中有很多這樣的例子，我們先來看一個〈耶利米書〉中的例子：

摩押自幼年以來常享安逸，如酒在渣滓上澄清，沒有從這器皿倒在那器皿裡，也未曾被擄去。因此，他的原味尚存，香氣未變。（耶利米書 48:11）

從表面上看，摩押國似乎很好。

他們很舒適。生活似乎是可以預期的。

他們安逸了很長時間。

他們未曾被擄去。

他們不懂「措手不及、受苦、忍受因無法控制的情況帶來的苦難」是什麼滋味。他們的生活感覺很好，所以一定很好。沒有失望，沒有困難。

但是這節經文很清楚表達了：這對他們不是最好的。

「酒在渣滓上澄清，沒有從這器皿倒在那器皿裡」，意味著它在舒適狀態下放置了很長時間，已吸收了自滿的香氣。在那個時期，釀酒師會把酒倒到其他器皿，原因有二。第一是避免讓葡萄酒吸收容器的味道；其次則是要清除葡萄酒中的殘渣或沉澱物，這些東西會沉入底部，使酒的風味不夠純。

摩押人並沒有從自滿的容器被倒到其他器皿去。因此，他們的文化充滿了稱心滿意而沒有上帝，他們的人民充滿了雜質。他們不需要依靠主的力量，所以他們的心離祂很遠。

摩押人陷入了一種虛假的安全感。沒有挑戰和變化，人們往往會越來越遠離上帝，反抗上帝的道。

摩押人居住的地理位置，剛好能不招致摧毀以色列的敘利亞人和巴比倫人入侵。摩押人從未被染指。因為從未被染指，因此可以安心自滿；而其鄰居以色列人則被迫依靠上帝，並學會忍受苦難、囚禁和奴役。以色列人似乎沒有被上帝拯救，脫離其苦難。但是，如果我們從「長遠來看的最佳選擇」這樣的角度來看，那麼以色列其實是得到了上帝的強化，目的就是為了最終的好事。

安於自滿情緒，在短期看來似乎是舒服的；但就長遠來看，如果長時間不與上帝接近，就可能和摩押人一樣遭受更多的痛苦。

請不要弄錯：陷入一種虛假的安全感比經歷苦難更糟。

如果摩押人像以色列人一樣，從一個器皿倒到另一個器皿，一點一滴經歷痛苦，使自己足夠強大，可以承受更大劑量的苦難，那樣會更好。

就像大腸鏡檢查是為了確保在早期尚可治療的階段發現問題；或是在前往高患病風險的國家進行宣教前先打疫苗一樣。一點一點暴露在致命疾病下來協助自己建立免疫力，要好過於在被迫面對風險時，沒有必須的力量和免疫力來對抗。

我們今日必須啜飲苦難，才不必淹沒在明天的毀滅中。

如果我們想獲得體力，就必須離開沙發、投入運動健身；同樣的，如果我們要獲得精神上的力量，也必須投注於能引發我們蛻變的各種狀況中。在失望和艱難時期中，我們必須將想法轉變成為聖經式思考，本能地吸收真理，毫無保留地信任上帝。

我們必須擺脫「殘渣」：虛弱、恐懼、自滿，以及無望地放任自己以為生命是不公平的、上帝是不公正的。坐在那些殘渣中，會使我們吸收越來越多世俗的思維方式。世俗化思考會導致死亡——希望的死亡，和平的死亡，歡樂的死亡。但是，像基督一樣思考，就像是在我們之內吹入新鮮生命，並從身上散發出祂的平安。

因為隨從肉體的人體貼肉體的事，隨從聖靈的人體貼聖靈的事。體貼肉體的，就是死；體貼聖靈的，乃是生命、平安。（羅馬書 8:5-6）

被倒到新的容器裡，在當下看來似乎是不舒服的、混亂而完全不公平，但這是我們看到上帝希望我們所見並相信祂安排的唯一希望。耶穌就是這樣做的，這就是耶穌所做的榜樣。要像耶穌一樣的話，我們必須越來越浸入祂，並且更加抽離於一般人處理各種困境狀況的方式。我們絕不能太久沒有接觸上帝。

如果我們想了解上帝的旨意、觀點，以及祂為我們預備的好事，就不應該效法俗世處理生活的方式，而應該被上帝的聖言及其方式所改變：「不要效法這個世界，只要心意更新而變化，叫你們察驗何為神的善良、純全、可喜悅的旨意。」（羅馬書 12:2）。

當我們要求上帝的力量、平安、勇氣以及克服錯誤和導正錯誤的能力時，上帝會將我們投入於一些狀況中——祂知道這些狀況可以為我們注入我們所求之事。渴望這些成熟的特質對我們是好的。上帝將它們交給我們，對我們來說是好的。獲得這些良善特質的過程，在當下感覺通常不會太好；但經過一段時間之後就會變成好事。

那麼，摩押人後來如何了呢？

以下經文描述了他們最終的厄運：

我們聽說摩押人驕傲，是極其驕傲；聽說他狂妄、驕傲、忿怒；他誇大的話是虛空的。因此，摩押人必為摩押哀號；人人都要哀號。你們摩押人要為吉珥哈列設的葡萄餅哀歎，極其憂傷……從肥美的田中奪去了歡喜快樂；在葡萄園裡必無歌唱，也無歡呼的聲音。踹酒的在酒醡中不得踹出酒來；我使他歡呼的聲音止息。（以賽亞書 16:6-7,10）

以色列人呢？他們距離完美很遙遠，但他們的艱難時期是接近上帝的時期。他們的失望變成了神聖的任命。因為當他們渴望上帝時，就仍然與上帝同在。那時，他們經歷極大的祝福、喜樂與平安。

〈以賽亞書〉第43章1-5節讓我們窺見上帝救贖其子民的喜悅。在受苦季節，他們並沒有和上帝脫節。祂支持他們、幫助他們、並拯救了他們。而祂也會為我們做同樣的事情！

雅各啊，創造你的耶和華，以色列啊，造成你的那位，現在如此說：你不要害怕！因為我救贖了你。我曾提你的名召你，你是屬我的。你從水中經過，我必與你同在；你趟過江河，水必不漫過你；你從火中行過，必不被燒，火燄也不著在你身上。因為我是耶和華——你的神，是以色列的聖者——你的救主；我已經使埃及作你的贖價，使古實和西巴代替你。因我看你為寶為尊；又因我愛你，所以我使人代替你，使列邦人替換你的生命。不要害怕，因我與你同在（以賽亞書 43:1-5）

每當面臨導致我們想向上帝哭號之事時，就讓我們宣示這個艱難時刻將是神聖的時刻，是接近上帝的時刻。

如果你所愛的人正處於艱難時期，我希望你為他們做同樣的宣示：艱難的時刻將是神聖的時刻！接近上帝的時刻！

我們經歷過的種種失望，實際上是神的任命，讓我們見證上帝做一件新事。將我們從令我們陷入陳腐思維的舊器皿中倒出來，注入到新器皿中，充滿了被基督觀點所轉變的心。

〈以賽亞書〉第43章 18-19 節提醒我們：「耶和華如此說：你們不要記念從前的事，也不要思想古時的事。看哪，我要做一件新事；如今要發現，你們豈不知道麼？我必在曠野開道路，在沙漠開江河。」

我們被創造出來，不是要居住於過去，而是要活在現在，與基督同住，浸入基督。

令人驚訝的是：當我從一個器皿被倒到另一個器皿，從艱苦時刻到艱苦時刻，從失望到失望，我終於意識到了殘渣是什麼，以及擺脫殘渣為何如此重要。「對我正在經歷之事的錯誤理解」正是困擾我、使我沮喪的事情。

如果我們對上帝有誤解，也一定會對我們所面臨的狀況有錯誤理解。

但是，當我們將神的旨意視為良善的，就可以相信祂的過程是好的。

當我們被倒出、被淨化後，眼前各種狀況不會像以前那樣困擾我們。失望不會像以前那樣刺痛。傷害不會像以前那樣深。我們不會像以往那樣灰心喪氣。

如果我們相信上帝警醒地在強化我們的能力，以應對祂所看到朝我們而來的狀況，我們絕對不會措手不及。「照他榮耀的權能，得以在各樣的力上加力，好叫你們凡事歡歡喜喜的忍耐寬容。」（歌羅西書 1:11 原文引自新世紀版聖經）

然後，當下一個困境來臨時，我們會發現它對我們的影響不像去年那樣嚴重。我們正在被改變。我們的思想正在被重整。我們會感謝上帝沒有讓我們保持不變。

那麼，再回頭看看我的大腸鏡檢查。這項檢查沒有一個部分是有趣的，但這可以幫助醫生看到他們需要看的東西，並瞭解需要瞭解的事，依此做出需要做的事。這不是要讓我們受苦，而是為了保持我們的健康、甚至可能挽救我們的生命。

醫生知道我們所不知道的事情；在更關鍵的層面上，上帝也是如此。

在本章結束之前，我想提供你一些配備：這是一些有力的聖經經文，用來宣示你在目前面對和未來面對的一切都信任上帝。〈詩篇〉第 145 章 18 節向我們保證：「凡求告耶和華的，就是誠心求告他的，耶和華便與他們相近。」

那真理的部分至關重要！當我們表達上帝的真理時，就會壓制住敵人的謊言。我研究了人們的哪些層面最容易受到那些謊言控制，總結出以下幾點。敵人試圖在以下這些部分紮根：

- 感情——我的心，我所愛的
- 崇拜——我的口，我所敬拜的
- 注意力——我的思緒，我所關注的

- 吸引力——我的眼，我想要的
- 野心——我的強烈願望，我花時間尋找的
- 行動——我的選擇，我堅持的立場

因此，在本章結尾，我想為你提供以上這些領域的相關經文，作為你的配備。

我的朋友埃莉．霍爾科姆（Ellie Holcomb）將我們在面對每一個脆弱狀況時所唸誦的經文稱為「戰鬥宣言」，也就是這首歌的歌名。這首絕妙之歌的歌詞是這樣的：

用真理來對抗謊言，哦，哦
讓我的眼睛緊緊注視著祢
我會在黑暗中唱出真相
我會用我的戰鬥宣言。

這不僅僅是一首好歌而已。用上帝的真理作為自己的戰鬥宣言，不會改變你所看到的，但絕對會改變你看的方式。

前幾天，我就必須要這麼做。

在我與醫師碰面尋求癌症第二診斷意見的返家班機上，我看見飛機上有個女生在哭。她甚至沒有想忍住從臉上流下的大量淚水。彷彿她的心已經負荷不了這麼多的淚水，以致從雙眼溢出，流過顎骨，濺到膝蓋上。

我不必問她怎麼了。

我知道她怎麼了。

我正凝視著自己在飛機窗上的映射。

她就是我。

我跌入了眼淚永遠不會停止的地方。淚水形成了一條河，威脅要將絕望的我淹沒。但正如〈耶利米哀歌〉第3章21-23節提醒我們的，我們在此時要想起真理、喚起希望：

我想起這事，心裡就有指望。

我們不致消滅，是出於耶和華諸般的慈愛；是因他的憐憫不致斷絕。

每早晨，這都是新的；你的誠實極其廣大！

我需要一些戰鬥宣言。因為在那當下，我不會開心自己又被倒進另一個「極度失望」的瓶子裡。但是我知道，如果我開始宣示真理，我的觀點最終會追趕上來，而眼淚也會慢慢停止。至少

用上帝的真理作為自己的戰鬥宣言，

不會改變你所看到的，但絕對會改變你看的方式。

停個幾分鐘吧。或至少免於在周圍的人面前狂流鼻涕。我不希望再有任何人來說我的趣事了。大腸鏡檢查醫生那裡的故事已經很夠了——謝謝再聯絡！

以下就是送給你的戰鬥宣言……當你被倒到另一個器皿時，當你措手不及時，或因過多次的瘋狂「失望」火車之旅而筋疲力盡時，這些話語可以派上用場。

當你生活在「我不知道」之中時，聖靈將會告訴你，天父知道哪些是對你有幫助的事。

我還有好些事要告訴你們，但你們現在擔當不了（或作：不能領會）。只等真理的聖靈來了，他要引導你們明白（原文作進入）一切的真理；因為他不是憑自己說的，乃是把他所聽見的都說出來，並要把將來的事告訴你們。他要榮耀我，因為他要將受於我的告訴你們。凡父所有的，都是我的；所以我說，他要將受於我的告訴你們。（約翰福音 16：12-15）

戰鬥宣言

感情——我的心，我所愛的

- 我愛主，我知道祂愛我。我今天就我面臨的處境宣示，祂將解救我、保護我，因為我知道他的名。我可以放心，當我求告祂時，祂會應允我。當撒旦試圖孤立我時，我會記得與主在一起，我並不孤單。祂承諾在我最困難的時節中，將與我同在，搭救我、並使我尊貴。因此，我現在緊緊遵守這些諾言，並一生相信這些諾言。

神說：因為他專心愛我，我就要搭救他；因為他知道我的名，我要把他安置在高處。他若求告我，我就應允他；他在急難中，我要與他同在；我要搭救他，使他尊貴。（詩篇 91:14-15）

- 耶和華賜給我一顆認識祂的心，宣告祂是耶和華。在這一刻，我要將我的全心全意調整方向，與這些真理對齊一致，並且實現它們。我是祂的，祂是我的上帝，是萬物之主，包括我所有的失望、痛苦和未知。心中帶著這樣的保證，我就可以前進並知道自己被祂所支持。

我要賜他們認識我的心，知道我是耶和華。他們要作我的子民，我要作他們的神，因為他們要一心歸向我。（耶利米書 24:7 ）

‧我現在宣示，我不會擔心自己可能會面臨的壞消息或困難。它們不能控制我的心或我與耶穌的關係。相反的，我將堅持上帝的真理，這一真理不會隨著我收到的消息而改變。真理是我賴以生存的基礎！是的，我的心屬於上主，我完全信任祂，即使我的感覺要求我懷疑祂的良善也不動搖。我的感覺沒有最終決定權，真理才是絕對的指引。

他必不怕凶惡的信息；他心堅定，倚靠耶和華。（詩篇 112:7 ）

崇拜——我的口，我所敬拜的

‧我最大的願望，是我口中的言語、心裡的意念能在主面前蒙悅納；表達出祂在我、為我和透過我所做的事。我不希望我的言論或思想與敵人一致。因此，我將每一個想像中的想法和說出來的話都交付給耶穌，請祂將它們反轉並成為我敬拜的真實核心。在我的生命中，沒有什麼能比主——我的磐石，我的救贖主——擁有更高地位的了。

耶和華——我的磐石，我的救贖主啊，
願我口中的言語、心裡的意念在你面前蒙悅納。
（詩篇 19:14 ）

• 許許多多的時日年月構成了我人生的各種痛苦季節，有時感覺難以忍受。但是我受到提醒，知道上帝真切地關懷著我，將祂的智慧放在其聖言之中，引導我度過這些令人失望的時期。真理告訴我，我可以祈禱！因此，我向唯一瞭解我處境每個細節的主表達了自己的原始情感和誠實的掙扎。當我喜樂的時候，真理告訴我要歌頌！因此，在每個人生季節中，我都要高聲叫喊敬拜上帝，因為祂對我是如此的好。

你們中間有受苦的呢，他就該禱告；有喜樂的呢，他就該歌頌。

（雅各書 5:13，原文引自新美國標準版聖經）

• 我將全心全意敬拜主，以提升我對主的愛，並削弱我在生活中對其他偶像的愛慕。只有主是誠實的，值得我讚美。祂向我顯示了慈愛，並以祂的名使我充滿力量！撒旦的謊言和誘惑讓我崇拜其他事物，這與我從主那裡得到的愛根本無法相提並論。在我未來的人生裡，我選擇高舉主並歌頌祂的作為。祂光是用右手就救了我，我將在我所言所行的一切中榮耀他。

（大衛的詩。）

我要一心稱謝你，在諸神面前歌頌你。
我要向你的聖殿下拜，為你的慈愛和誠實稱讚你的名；
因你使你的話顯為大，過於你所應許的（或譯：超乎你的名聲）。
我呼求的日子，你就應允我，鼓勵我，使我心裡有能力。
我雖行在患難中，你必將我救活；
我的仇敵發怒，你必伸手抵擋他們；
你的右手也必救我。
（詩篇 138:1-3,7）

注意力——我的心，我關注的重點

- 生活可能會在我周圍捲起狂風，威脅著要竊取我的希望、平安與喜悅。但是我現在宣示，我不會被恐懼和狂暴的情緒所籠罩。上帝已答應我，當我將心思放在祂身上時，祂會讓我保持完全的平安。我非常清楚要朝我凝視的方向前進。因此，我必須注意自己注視的目標。如果我繼續盯著錯誤的地方，就會朝錯誤的方向前進。我選擇在這一刻將注意力轉移到主身上。我選擇專注於信任祂、並相信祂的應許。當我越來越將注意力轉向祂時，祂的平安將降臨，滿溢我，安定我焦慮的心。

堅心倚賴你的，
你必保守他十分平安，
因為他倚靠你。
（以賽亞書 26:3 ）

- 我的敵人魔鬼正在四處遊蕩著、咆哮著，想要立即吞噬我。他很惡毒，但他不會在我的生活中得勝。我今天宣示，我不會成為他的受害者之一，也不會感到害怕。反之，我將是一個清醒而機敏的人，在上帝的幫助下清晰思考、明智選擇，按照祂的方式生活。祂的聖言使我比敵人更聰明。我知道我的上帝今天正在保護我的安全。

務要謹守，儆醒。因為你們的仇敵魔鬼，如同吼叫的獅子，遍地遊行，尋找可吞吃的人。（彼得前書 5:8 ）

- 我知道，消耗我心力的事情控制著我的生活。我今天宣示，我不會被敵人的謊言或自己的懷疑和恐懼所控制。我選擇聆聽上帝的智慧，聽從祂的話語。在敵人想要奪走我的注意力、並使我心充滿恐懼的地方，我會刻意不予理會。我今天選擇聆聽上帝的智慧話語、聰明言詞，幫助我做出正確的判斷，使我有能力以智慧和知識表達。無論什麼事發生在我身上，祂都會引導、指導我所說所做的一切。

我兒，要留心我智慧的話語，
側耳聽我聰明的言詞，
為要使你謹守謀略，嘴唇保存知識。
（箴言 5:1-2 ）

吸引力——我的眼，我想要的

• 今天敵人樂於讓我分心、使我脫軌並摧毀我。但是我選擇將目光放在主和祂為我選擇的正直道路上。有主在我身旁，我是一個勇敢的人，我會謹慎考慮自己的選擇，並在行動之前先思考。我不會向左或向右轉，盲目跟隨將導致我毀滅的道路。反之，我會與主步伐一致，知道祂會讓我的步伐穩當而堅定。

你的眼目要向前正看（朝向道德勇氣之路）；
你的眼睛當向前直觀（朝向正直之路）。
要修平你腳下的路，堅定你一切的道。
不可（受惡魔引誘而）偏向左右；
要使你的腳離開邪惡之道。
（箴言 4:27，原文引自擴增版聖經）

• 今天，我宣示我不會回頭或放棄。主已經帶領我走這麼遠，改變了我並幫助我。我和祂走在正確的道路上，我將繼續交出我所有！我不會注視著塵世事物或追隨這世俗的方式，被自己的胃口所統治。我被創造出來是有更多目的的！我是天堂的公民！我正在等待救世主的降臨——將我這疲憊塵世身軀轉變成像祂一樣榮耀的耶穌。祂會讓我變得美好而完整。他沒有停止為我所做的一切，我也沒有停止為祂而活！

因此，讓我們繼續專注於這個目標，想要得到神賜一切的人們！如果你們心裡還有什麼其他想法，而沒有全心承諾，上帝將理清你模糊的視野—你將會看到它！現在我們既然已經走在正確的道路上，就讓我們繼續前進。

朋友，請跟緊我。追尋那些你看到跑在同樣道路上、朝著同樣目標前進的人。有許多人走其他道路、選擇其他目標，並試圖要你同行。關於他們，我警告過你很多次了；難過的是，我不得不再警告一次。他們想要的是好走的街道。他們討厭基督的十字架。但是好走的街道是條死胡同；住在那裡的人，以腹部為神，把打嗝當成是對神的讚頌，心中所想的就是他們的胃口而已。

但是，對我們來說，生命遠比這還要更多。我們是天堂的公民！我們正在等待救世主耶穌基督的到來，祂會把我們塵世身軀變成像祂一樣榮耀。祂會讓我們美好而完整，就如同祂能把以下、周圍一切放在應有之地一樣。（腓立比書 3:15-21，信息本聖經）

- 敵人會希望我陷入這個世界的誘惑中。他希望我屈服於不斷渴望肉體愉悅的致命吸引力，對眼見之物的渴望永不滿足；因為實現越多、擁有越多而驕傲。但是我要宣示，我跟隨祂以及祂的道。我知道，追求神的旨意以外的快樂對我不是最好的。這些快樂現在可能感覺很好，但最終會傷害我。錯誤獲得的快樂會使我進入不滿意、沮喪和破壞之地。因此，我選擇懷著內心一切渴望，轉向耶穌。我宣示，在面對巨大誘惑時，我並非無能為力。主會使我堅強，祂會滿足我的靈魂。

因為凡世界上的事，就像肉體的情慾，眼目的情慾，並今生的驕傲，都不是從父來的，乃是從世界來的。（約翰一書 2:16）

野心——我的強烈願望，我花時間尋找的

• 作為一個分享上主召喚、知道耶穌是我使者和大祭司的人，我宣示將追求上帝創造我的目的。當我安於自己的天命時，我會感到最滿意。我可能不知道在眼前天命的所有細節，但是今天我絕對會為上帝出任務。我會注意到其他需要安慰的人——神也為我的傷害和失望提供同樣的安慰，為他們提供幫助和希望。在完成今天的任務時，我一定會明白祂對我未來所安排的目的。我越關注祂，就越了解祂的計劃。光是祂就值得我全心關注，並且能夠從中改善我的每個想法和每一步。

同蒙天召的聖潔弟兄阿，你們應當思想我們所認為使者、為大祭司的耶穌。（希伯來書 3:1）

• 有時我會忘記自己在掙扎的過程中並不孤單。那些走在我之前的人們正在天上為我加油。這提醒了我要繼續前進，丟掉使我沉重的負擔，而非丟掉對耶穌的注視，就像耶穌從來沒有把視線從「祂在地上的生命是為了榮耀上帝」這個使命上移開。今天，我要求在比賽中佔有一席之地，並投入承諾，堅持不懈。

所有照耀前路的開拓者，所有的這些老手們都在為我們加油——你知道這意味著什麼？這意味著我們最好繼續下去。卸下重擔開始跑，而且永不放棄！沒有多餘的精神脂肪，沒有寄生的罪過。雙眼仰望耶穌，祂是我們參加這場比賽的創始者和終結者，仔細研究祂是怎麼做的。因為祂從未忘記過自己的前進方向——回到上帝身邊的振奮結局，所以可以忍受一路走來所遭遇的任何事情：十字架、羞辱、一切的一切。現在祂在那裡，在榮耀之處，與神同在。（希伯來書 12:1-3，信息本聖經）

- 我是上帝的傑作——祂的工作，在基督耶穌中造成，用以完成祂預備要我們做的好事。我在這一天宣示，我會把發生在我身上的事，視為上帝要使我的發展與天命相符的完美計劃。在未來的人生裡，我將實踐祂為我安排的路，讚美祂創造我的方式。

我們原是他的工作，在基督耶穌裡造成的，為要叫我們行善，就是神所預備叫我們行的。（以弗所書 2:10 ）

行動——我的選擇，我堅持的立場

- 我承認，有很多時候我相信了那些說我無助和絕望的謊言。但是今天，我宣示生命中的希望和真理。我已經有了寶貴而強大的上帝聖言作為我的配備，並蒙受祝福。祂的話語穩當而堅定，我可以依靠著站立得更穩，並且堅持下去。今天和每一天，我都可以繼續前進，因為上帝在《聖經》裡吐露的每一口氣，都為我注入了新的希望和生命。是的，我被上帝所愛，祂準備了許多配備給我。今天我要選擇緊盯他的聖言，使我心充滿對祂的希望，讓祂兒子耶穌基督的愛與恩典來給我力量，鼓勵我去做他召喚我做出的一切。

所以，弟兄們，你們要站立得穩，凡所領受的教訓，不拘是我們口傳的，是信上寫的，都要堅守。但願我們主耶穌基督和那愛我們、開恩將永遠的安慰並美好的盼望賜給我們的父神，安慰你們的心，並且在一切善行善言上堅固你們。（帖撒羅尼迦後書 2:15-17）

- 我承認我在應該花時間感謝上帝的時候，反而用來焦慮和擔心。今天是我感謝而不是擔心的一天。今天將是我為自己內心痛楚祈禱的一天。今天我將獲得上帝所賜、長留我心的平安。我將會把心思放在那些真實、光榮、值得尊重、正確、與聖經一致的、純正、令人欽佩、對我有益的事之上。在往後的日子裡，我將專注於出色和值得稱讚的事物，使這些事物貼近我的心。

> 我所親愛、所想念的弟兄們，你們就是我的喜樂，我的冠冕（勝利的桂冠）。我親愛的弟兄，你們應當靠主站立得穩。應當一無罣慮，只要凡事（所有形勢與狀況）藉著禱告、祈求，和感謝，將你們所要的（明確要求）告訴神。神所賜、出人意外的平安（令人心安的平安）必在基督耶穌裡保守你們的心懷意念。弟兄們，我還有未盡的話：凡是真實的、可敬的、公義的、清潔的、可愛的、有美名的，若有甚德行，若有甚麼稱讚，這些事你們都要思念（集中心念在這些事情上，植入心中）。
> （腓立比書 4:1 原文引自擴增版聖經）

- 每當我迷失在痛苦的境地中，思緒開始轉向不健康的地方時，我都會記得上帝是不變的、永遠是真實的，祂永遠不會對我的應許失約。他從不遲到，永遠值得信任，祂愛我超過了我所能理解的程度。祂是值得信賴的，我將在祂裡面得到安息。

神非人，必不致說謊，也非人子，必不致後悔。他說話豈不照著行呢？他發言豈不

要成就呢？（民數記 23:19）

當我們宣示這些戰鬥宣言，並將其付諸實踐時，我們將會得到力量。我們會更有信心，做好準備，帶著上帝聖言的有力真理與撒旦的惡性謊言奮戰。

回歸源頭

舒適安逸並不是需要追尋的解方；那是當我們與主親近時所會收穫的副產品。

謹記

- 陷入一種虛假的安全感比經歷苦難更糟。
- 想要像耶穌一樣的話，我們必須越來越浸入祂，並且更加抽離於一般人處理狀況的方式。
- 我們經歷過的種種失望，實際上是神的任命，讓我們見證看上帝做一件新事。
- 如果我們對上帝有誤解，也一定會對我們所面臨的狀況有錯誤理解。
- 當我們表達上帝的真理時，就會壓制住敵人的謊言。
- 用上帝的真理作為自己的戰鬥宣言不會改變你所看到的，但絕對會改變你看的方式。

接收

照他榮耀的權能，得以在各樣的力上加力，好叫你們凡事歡歡喜喜的忍耐寬容；

（歌羅西書 1:11，原文引自新世紀版聖經）

其他參考經文

民數記 23:19
詩篇 19:14; 91:14-15; 112:7; 138:1-3, 7; 145:18
箴言 4:25-27; 5:1-2
以賽亞書 16:6-7, 10; 26:3; 43:1-5, 18-19
耶利米書 24:7; 48:11
耶利米哀歌 3:21-23
馬太福音 6:33-34
約翰福音 16:12-15, 33
羅馬書 8:5-6; 12:2
以弗所書 2:10
腓立比書 3:15-21; 4:1, 6-8
帖撒羅尼迦後書 2:15-17
希伯來書 3:1; 12:1-2
雅各書 5:13

彼得前書 4:12-13; 5:8

約翰一書 2:16

反思

- 如果你的「不知道」是在幫助你而不是傷害你呢？即使現在，你仍然可以從自己的失望時節中看到什麼正面的訊息？
- 你現在渴望獲得什麼樣的舒適和確定性，可能會導致你的自滿，使你的心離上帝越來越遠？
- 我們每個人手上都需要一些戰鬥宣言，以便在身處困境時宣示上帝的真理。本章最後的宣言中，哪一個最能打動你的心、最適用你所面臨的情況？

天父，

我想要看起來越來越像祢。我想越來越像祢的思考。我想表現得像我已花了越來越多的時間和祢在一起。請清除我的渣滓——那些錯誤的思維、錯誤的處理方式和錯誤的反應。將我倒到使我渴望與祢接觸的各種狀況中。我想效法祢，如此我可以透過吸收祢的本質而改變。我相信祢。我信任祢。我祈求，請讓我更像祢。奉主耶穌基督的名禱告，阿們！

第十一章 上下顛倒

告訴你一聲，我希望我能消除所有咬食你幸福輪廓、重壓在於你內心的失望。大大小小的，過去的傷痛或現在的心碎。我希望我們可以聚在一起，舒服地坐在我的白色廚房，餐具堆在水槽、洗好待折的衣物放在桌上。我為你提供一些溫暖的切片餅乾，輕輕地對你說：「我懂你的心。讓我們聊聊吧。」

我可以分享我的心事，你可以分享你的。

我們可能會先說說那些生活中較小的瘋狂故事。例如，我的化妝品和女兒的混在一起那次。沒什麼大不了，我很有彈性，用她的化妝品也可以。我化妝的地方光線不是很好，所以看來也還不錯。

直到後來進了辦公室。

我走進燈火通明的洗手間，整個人幾乎要跪倒在地了。我的眉毛是！紫！色！的！我幾個小時前用的不是眉筆，那是紫色眼線筆。人們跟我互動一整天，卻沒有人說一個字，天啊。

再來說說我說服自己適合穿那件打折可愛襯衫的事吧。我的意思是，我知道標籤說那件衣服是小兩號的尺寸，但是有志者事竟成嘛，對吧？好吧，或許不那麼成。我被卡住了。當我突然意識到自己無法動彈時，我的手臂往上舉起，無法活動。我的臉被襯衫蓋住，所以眼睛也看不到。我被迫盲目地走出試衣間，尖聲地說：「呃……我需要一點幫助。」當時，我身上唯一自由自在的，就只有腰部那層游泳圈了。

為什麼這些糗事會一直發生在我身上？

一旦我們一起笑開了，就會開始碰觸更深層的議題。更大的失望。更難處理的事。我們都同意事情不該如此。在兩個花園間的中間地帶生活，就是如此令人困惑和複雜。塵土凌亂。

我們甚至不喜歡觸摸那些塵埃，尤其是如果那塵埃是由我們內心支離破碎的碎片組成的時候。幸運的是，我們不必這樣做。我們可以將它交給上帝，祂會將我們的塵土變成我們想要、但自己永遠無法創造出來的東西。

我們點頭認同這樣的想法。

接著，我會分享一些確實對我有幫助的經文。但我得警告你，第一眼看到第一則經文時，你的感覺可能不會很好。但是，在真理中拉扯，總比在混亂中打滾要更好。因此，我將會提出〈雅各書〉第1章。我會靠記憶中背誦第2至4節，我想這些經文應該可以使你安心。我親自使用這個真理與人生亂流奮戰過，而且不只一兩次。

我的弟兄們，你們落在百般試煉中，都要以為大喜樂；因為知道你們的信心經過試驗，就生忍耐。但忍耐也當成功，使你們成全、完備，毫無缺欠。（雅各書 1:2-4）

我喜歡這些經文。但我得承認，有時也很難喜歡。當你遇到最糟的問題是今天的得來速咖啡站弄錯了你的訂單時，要忍耐是很容易的。他們把你的拿鐵弄成冰沙，攔截了你這一天的開始。嘖……但隨後你在觀點上加了一點耶穌精神，當你從中生出些喜樂時，感覺自己已經成全、完備了。

但是，其他那些讓我們過不去的事呢？那些長久的傷害、太深的失望？或是永久的毀滅？

在人生太難的事情上強行加諸「我們應該對此感到喜樂」之類的經文，感覺非常殘酷。就像是拿一件令人痛苦的事情開玩笑一樣。說這種無關痛癢的話還為時過早。

這就是為什麼我很高興這些經文沒有說「感到喜樂」，而是說「即使是在所有這些傷害中，仍能瞥見一絲喜樂」。

我將與你分享我的朋友安吉的故事。也許我們甚至可以把她找來。她是一個美麗的靈魂，身上充滿了爆笑的故事，以及同樣多的悲傷故事。她的寶寶奧黛麗在幾分鐘內就從子宮到了天堂。奧黛麗沒有與姐妹們的茶會；沒有和摯友分享秘密；也沒有生日聚會或和與爸爸一起的郊遊。

她只留下一份甜蜜的遺產：她比大多數人更快完成了自己的任務，並與耶穌一起創造上述那些回憶。

但是她的媽咪仍因她而哭泣。媽咪的手臂多麼想要抱抱她，媽咪的眼睛多麼渴望看到她長大。

就在奧黛麗九歲生日前夕，我從安吉那裡收到一條簡訊。當時我委託一位畫家朋友為「箴言31」畫了一幅畫。安吉在社交媒體上看到，那幅畫讓她倒抽一口氣——那看上去就像是她想像奧黛麗九歲的樣子。畫中有些細節是藝術家無法知悉的，很難不用神聖的靈感解釋。安吉一看到它就流下眼淚。

問題是，這幅畫已經被賣掉了。

因此，她的丈夫陶德和我聯繫了這位藝術家，重新為安吉畫了另一張原創作品，並且添加更多精準細節進去。陶德秘密安排了畫室之行，帶安吉去畫室取畫。我給創作這幅畫的狄恩寄了一張便條，請他寫在畫作背面。便條上面寫著：

親愛的安吉，

奧黛麗並沒有被遺忘。妳也沒有。上帝給妳這張九歲女兒的美麗圖片，是為了讓妳知道她很好。你會再次見到她的。但在那之前，她就在這裡。美麗而完好，為她的媽咪感到驕傲。上帝以驚人的方式出現，今天是透過狄恩的畫筆現身的。

愛你的麗莎

說到這裡，我找出安吉的Instagram，向你展示她是怎麼回應的。她的回應深深地安慰了我。在我心碎的時候，她的話給了我如此大的希望。有時，當你找不到自己信仰的立足點時，只需要在別人那裡站一會兒就可以了。

她寫了以下文字：

主的恩典遠遠超出了我所能理解。

真的，這可說是我一生中最美好的日子之一。我永遠不會忘記麗莎寫在奧黛麗畫作背後的獻詞……而迪恩的筆為我的天使注入了生命。

我激動得不知所措。如此多的感激之淚。

上帝，謝謝祢……我會再貼出更多照片，讓大家能更清楚地看到這幅畫。它是如此如此壯觀。我完全敬畏。

她說她流下了感激之淚。我敢說，這是我聽過有關「在無法想像的失望中要思考喜樂的存在」最好的描述之一！

她知道那是什麼意思。

活著就是去愛。去愛就是要冒險受苦。冒險受苦就是活著。這是真正身而為人的意義。像塵埃一樣脆弱、破碎、重建。打造我們的信仰。

眼淚是我們與他人最真實的聯繫，信任是我們與上帝間最真實的聯繫。安吉的感激之淚感動了我心深處，幫助我在與自己的眼淚奮戰時，能以感激和信任的心來思考。

這一切正可以總結為「信任」這個關鍵：用我們的意志換成「祢的意志」，因為我們知道祂會為我們好。

對於「如何將一切視為大喜樂」的理解，會隨著「我們在還沒看到好事時是否真心信任上帝」而有高低起伏。這一點的確很難，所以我喜歡用烘焙的角度來思考這一點。想像一下，今天我們決定做個蛋糕。

我指的不是那種「我去商店烘焙區買了一個蛋糕，把它放在我的蛋糕盤上，當人們評論我的傑作時點頭微笑」的情況，不是那樣。

我指的是，我們從商店購買了所有合適的食材，並按照食譜從零開始做蛋糕。去商店採買完之後，我們攤開所有食材：麵粉、奶油、糖、香草精、雞蛋、發粉和少許的鹽。但接著也許我們覺得將它們混在一起製作蛋糕實在太累了，所以，我們想說可以一次只吃一種成分，用這種方式來享受蛋糕。問題是，有時候我們不喜歡某些個別的成分，所以寧願將它們排除在外。

麵粉太乾了，不要！

糖，奶油和香草精都很好。留著！

生的雞蛋很噁心，絕對不要！

然後我們的蛋糕將永遠不會變得「成全、完備、毫無欠缺」。

我們總是這樣快速地根據個人事件來判斷生活質量和上帝的可靠度，而不是看上帝把所有成分加在一起工作的最終成果。

我們必須知道，麵包師傅有理由將適量的麵粉和雞蛋放入配方之中；同樣的，耶穌是我們信仰的創始者和完善者，在枯燥和艱難的時期也會這樣做。的確，我們可能必須在「混合」過程中經歷一些混亂；在「烘烤」過程中經歷一些高溫，但是我們很快就會「發起」並得到最後的「甜美成果」——希望、恩典、平安，以及為他人帶來安慰。

這就是我們今天可以將它視為大喜樂的方式。在打造與耶穌同在的人生時，過程中的痛苦和喜樂都是有目的的。

信任。

用我們的意志換成「祢的意志」，因為我們知道祂會為我們好。

〈雅各書〉繼續向我們呈現，當我們在這種喜樂中忍耐時，可望看到什麼：

忍受試探的人是有福的，因為他經過試驗以後，必得生命的冠冕；這是主應許給那些愛他之人的。（雅各書 1:12）

嘿，你能想像被認為值得獲得生命的冠冕嗎？還記得他們是如何在耶穌身上放荊棘王冠的嗎？那就像是我們今日所感受到的悲痛——多麼像是荊棘王冠！但是那可怕的王冠預示著永恆將如何改變一切。在永恆裡，一切將會顛倒過來，悲傷變成喜悅、心碎變成感恩的呼喊；荊棘冠冕成了國王的黃金冠冕。

我對「生命的冠冕」做了些研究。這個冠冕將授予給那些因忠誠而受召喚，對君王耶穌提供特別的服務之人。他們的心也許在俗世生活中破碎了，但他們的精神不曾如此。他們信任耶穌、愛耶穌，並一直照顧著人們。他們沒有讓自己在自艾自憐中打滾，而是一直讓耶穌將自己的塵土變成陶器，既美麗又堅固，並用於崇高的目的。

然後，許多聖經學者相信，懷抱著深愛耶穌之心的他們，在進入永恆並獲得冠冕的那一刻，會立即將冠冕放在耶穌腳下，十分感謝能有一份禮物送給君王耶穌。

這真是大喜樂！即使放棄了實際的冠冕，這些人仍將繼續享有這份賦予他們的榮譽。他們將被耶穌認定為最親密的朋友。

光是想到這個，我就可能會流淚。

我想要生活中的每分每秒，都想著此刻的喜樂與那天的喜樂。

當我們坐著分享一盤餅乾時，我會把所有這些話輕聲地告訴你，因為我們是志同道合之人。

這一分鐘，我們用話語分享彼此的故事；下一分鐘則只是用眼淚交換。但我們共同的痛苦沒有需要填補的缺口，也不需要給出一幕幕的細節，因為我們就是會懂。

我會堅持拿出小畫布，邀請你一起作畫。你可能不想這麼做，但我向你保證，我們不必擔心要畫出什麼了不起的大作。人本身就是傑作，而你是有創造力的，因為你是上帝最好的創造物，祂的指印和筆觸都在你裡面舞動。然後，我會舉起我寫下的「畫筆持有人守則」，以誇張的方式清清喉嚨宣達：

- 每個人都必須嘗試。
- 允許自己不完美。
- 拒絕被這個過程給嚇倒。
- 最美麗的畫作將出現在最無所畏懼的人所握的畫筆之下。
- 微笑。我已經愛上即將在你畫布上呈現的一切。

我們會放鬆下來，並意識到這些也是生活的好規則。

接著，我們會開始畫畫。你會發現自己確實喜歡作畫。你的作品會令人讚嘆，我們會一起想想，家裡哪個地方是掛這幅畫的理想位置。這對我們倆來說都是小小的勝利。我們正在慢慢走出來，不再躲藏。對於藝術品和彼此保持這樣的柔軟開放，感覺真的很好。

我們最後會倒些咖啡，可能很快還需要點薯片和起司。所以我們上車了。我們會在車上播放音樂，把窗戶搖下來。我們會選擇那間便宜餐廳（會把墨西哥寬帽戴到臉紅的壽星頭上，並在星期二提供免費的酪梨醬那間）。

我們可以放下一切顧忌，這一分鐘瘋狂大笑、下一分鐘卻陷入沉思。我們很可能會讓莎莎醬滴在白襯衫上，讓淚水滴落在破牛仔褲上。

我們會忘記時間。我在呼氣時會伸出手給你一個擁抱，並不時用「天啊，這一切……真的太……」頻頻插入我們的討論之中。

然後，該是我們各自回家的時候了。但是在分開之前，我會掏出日記，再多讀一段給你聽。

這是上帝與耶穌之間的對話，有一天從我的筆下流洩到了日記中。

這不是預言。我也不是要宣揚某些非我所能提供的神聖話語。但是，當這個寓言出現在我身上時，它就在我靈魂裡棲息下來了，而且感覺對你我而言都很合適。

故事取名為「上下顛倒」。我向你的方向點頭致意，把以下這個故事獻給你。

兒子轉過頭，迷惑地說：「嗯……父親，祢指派給這個生命的字眼真的很奇怪。我們可以選其他的字嗎？我有一些很棒的建議：她樂觀而堅強、充滿愛心與同理心、善良而慷慨，關注、在乎其他人。她是一個深刻的思想家及深度感受者。父親，她非常少見。沒錯，很少見。」

「我知道。這就是她必須顛倒的原因。」

「父親，隨著她漸漸長大，我不認為她會喜歡祢給她的這些話。我想她會問：『為什麼祢要這樣對我？』」

父親回答說：「她肯定會質疑我。她最喜歡的問題就是『為什麼？』而這對她很有幫助。因為在不斷的拉扯當中，她會學到大多數人從未學過的東西。她會看到我其實沒有『對她』做這些事情。而是『為她』做了這些事。雖然，讓她得到跟她想要的剛好相反的東西，讓我很傷心，但她會看著我最終將一切困厄變成好事。我會把這一切都顛倒過來，在我這樣做的時候，她也就活在正確的方向了。她會成為極端黑暗中的光明燈塔。當別人感到迷失之時，她將成為希望的聲音。

「當她學會以這種顛倒的方式生活時，儘管她的大腦還是會不斷嘗試找出答案，她會發現有些問題無法解決。但是，最後，她會連這個都釋放出去——釋放所有掙扎著要將所有事情理出頭緒的努力，讓一切都整整齊齊的努力。她最終將擁抱她最榮耀的特質：就是她的混亂。

「這是整個故事中最顛倒的部分：使她最喜悅的，是她最混亂的部分。凌亂粗糙、未受教育、完全稱不上完美、沒有因表現而亮眼。

「她將毫不費力地向別人展示找到我的方式，並將他們的心吸引到『上帝是良善的』這樣的事實之中。最重要的是，我善於做上帝這個角色。沒有人應該要承擔『成為自己的上帝』這種重擔，但是很多人都這麼做。

「當她在混亂中尋找我時，她將向他人展示如何擺脫這種沉重負擔。在善與惡的偉大戰鬥之中，她將是不容忽視的力量。她的溫柔將是她的力量，她的愛將是最有力的武器；她的平衡將是靈魂最美麗的部分。她為沒有答案的『為什麼』所苦的掙扎，將造就她的謙卑。

「她將成為真理的學習者和熱愛者。她渴望確定性。但人是無法預測的，眼前各種狀況常會引起她的困惑。因此，她會將那些不確定性掩埋在『我所說的話』這片沃土當中。

「這將是她和我最靠近的時刻。當她在困惑中學習到一些東西時，她將永遠記住它。真理將以最好的方式塑造她，並帶領她的心向其他人傳遞她所發現的希望。因此，透過她的不確定性，她將在世界上找到最確定的目標。她將會是：

～好奇心的看守者

～想像力的承載者

～溫柔的真相訴說者

～大膽的福音帶頭人

~「為什麼」中的美妙部分

「這些都是她在人生旅途上，在跳舞、跌倒並重新站起來的過程中會發現的東西。

「但是，兒子，今天你必須這樣告訴她：

「我親愛的女兒，當世界試圖用那『為什麼』的問題來打擊妳時，請把它回傳給內在的赤子之心，然後輕聲說：「沒關係，盡量問吧。」因為扼殺了這個問題，就等於扼殺了充滿熱情、帶來答案的目的。你永遠不會知道為什麼那個人做了那些事；或是為什麼看似完美的狀況會突然改變、毀了原來的樣子；為什麼破壞和毀滅會踏入妳的生活。不，妳永遠不會知道那些答案。但是請相信我——即使你確實知道這些答案，也不會讓事情變得更好。就是不會。我不讓妳知道這些答案，並不是我在運用自己的力量做出殘酷之事。我保留這些答案，是因為只有我才能承受它們的重。

「妳生活在一個破碎的世界中，在這裡，破碎的事情就是會發生。在一個充滿罪惡的世界中，可怕的事情就是會發生。這些事情會帶給你深深的傷害；而我親愛的女孩，妳也會看著別人受傷。

「妳會聽到一些嘗試著在那些重大打擊上「打個大蝴蝶結」的人類答案。這些內容在講道中聽起來不錯，但在現實生活中卻站不住腳。就在那時，妳將會發現，自己被賦予了足夠的傷害以保持仁慈，是多麼美好的禮物。妳將提供唯一的真實答案：『上帝幫助我撐過去，祂也會幫助妳的。在妳在尋找祂的這一路上，我會握住妳的手。』

「妳不會知道某些事情為什麼會發生。但妳之後會慢慢發現這些『為什麼』的其中一部分。環顧四周，妳會了解我希望妳知道的是哪一部分。妳會在每一個碰到、巧遇，偶遇或大膽擁抱的人眼中找到它。在他們眼中會有一個秘密的悲傷，一個深深的傷口，一個受驚的孩子。妳被創造出來的目的是要與那些人建立聯繫，真正的連結。但是，妳無法用完美和表現和他們連結。關於妳的所有光彩事物會排斥對方，使他們恐懼或卻步。但是妳的眼淚？那是吸引他人進入的液態磁鐵。眼淚是事實的河流，傷口的癒合之泉，連結破碎的紐帶。

「瞧，人們因為妳的眼淚而團結在一起。妳只要輕聲說『我也是』，就會讓妳在他人眼中成為安全之人。」

「妳不必帶給他們答案，只需帶給他們平安的存在。從那時起，妳的內心就會感覺到自己因不完美而充滿了無限的喜悅。當他們意識到妳的人生並沒有跳過失敗、缺陷這些經歷，不是生來讓他人感到自卑脆弱的，他們就會邀請妳留下。

「完美會把人嚇跑；而同理心會帶給他人來啟發。在那之中，妳最終會找到那個『為什麼』。何以如此？因為世上有些人會因為沒有看到他人眼淚，而被自己的眼淚淹沒。妳光是讓另一個人看到他們並不孤單，就會使世界變得更美好。

「告訴她，我指派給她的字是『顛倒』，因為她會給世人一個機會，去看到『為什麼』之中的美妙。她的『為什麼』會使她明智。

「對一個最終會翻轉到對的方向站起、混亂而奇妙、生氣勃勃的女孩而言，『顛倒』是最完美的字。」

那就是你，我的朋友。那也是我。那就是塵埃的重塑之路。

回歸源頭

在永恆裡，一切將會顛倒過來，悲傷變成喜悅、心碎變成感恩的呼喊；荊棘冠冕成了君王的黃金冠冕。

謹記

- 在真理中拉扯，總比在混亂中打滾要更好
- 活著就是愛；愛就是要冒險受苦；冒險受苦就是活著。這是身而為人的真正意義。
- 眼淚是我們與他人最真實的聯繫，信任是我們與上帝間最真實的聯繫
- 要信任。用我們的意志換成「祢的意志」，因為我們知道祂會為我們好。
- 在打造與耶穌同在的人生時，過程中的痛苦和喜樂都是有目的的。
- 每個人都必須嘗試。
- 允許自己不完美。
- 拒絕被這個過程給嚇倒。
- 最美麗的畫作將出現在最無所畏懼的人所握的畫筆之下。
- 沒有人應該要承擔「成為自己的上帝」這種重擔，但是很多人都這麼做。

- 你會發現，自己被賦予足夠的傷害以保持仁慈，是多麼美好的禮物。
- 完美會把人嚇跑；而同情心會為他人帶來啟發。
- 世界上有人會因為看不見別人流淚，而淹沒在自己的眼淚中。
- 光是讓其他人看到他們並不孤單，你就會使世界變得更美好。
- 你的「為什麼」會使你明智。

接收

忍受試探的人是有福的，因為他經過試驗以後，必得生命的冠冕；這是主應許給那些愛他之人的。（雅各書 1:12）

其他參考經文

雅各書 1:2-4

反思

- 你認為自己最近花了比較多時間在動盪中打滾，還是帶著真理好好奮戰呢？
- 你現在的生活中是否有任何「成分」（任何困難或令人失望的情況）是你希望可以抽走的？

- 知道所有痛苦中都有目的，可以如何幫助你思考喜樂所在？
- 生命冠冕的希望會改變你對苦難的看法嗎？對於滿懷感激地將把冠冕放在耶穌腳下，感覺如何？
- 你需要與誰分享你的眼淚？誰需要知道他們並不孤單？
- 在這兩個花園之間的中間地帶生活，其中的痛苦和困惑常使我們對上帝感到懷疑，懷疑他是否殘酷不公正。問問自己，我是否願意相信祂在保護我，並使我為即將發生的一切做好準備？

天父：

我需要檢視似乎堆積在我生活中的破壞、失望和塵埃。我累了，疲憊不已；但現在我也同時充滿希望。祢有重塑我的好計劃，而且我知道祢永遠不會拋棄我。祢的話是真實而美好的，很長一段時間以來，我第一次如此相信。我用我的一切相信。謝謝祢鏟起我破碎的碎片，使它們變得更好，因而使我變得更好——為了祢的榮耀，也為了我好。怎樣感謝祢都不足夠。今天，我交出我的塵，並後退一步觀看祢工作。當祢工作之時，我祈禱祢會越來越把我塑造成祢兒子的模樣。

奉主耶穌基督的名禱告，阿們！

後記

我坐在後陽台。亞特伸出來握住我的手。他讀完了這本書的每一個字，點頭說很棒。老實說，我很驚訝我們能在這裡。這是一個讓我又害怕又感激的喘息時間。如果一切又消失，一切又瓦解了，生活又爆炸了怎麼辦？我的心能承受嗎？我會覺得自己像個傻瓜嗎？我會絕望地崩潰嗎？

我不這麼認為。這次不會。

亞特和我終於和「我們不過是平凡人類」這樣的事實和解了。

我是一個對神聖婚姻投入絕對承諾的人；但我也清楚意識到，我無法控制自己以外的任何人做什麼選擇。我也是一個渴望仍然可以相信「愛很美好」的人類。人們可以改變，上癮可以得到醫治；背叛可以原諒。這並不容易。但這是我選擇的道路。

這是我們選擇的道路。

同時，我對那些在面對與我相同恐懼和悲痛時走了不同路的人們，充滿憐憫和深切的同情。他們做了一切能做的努力了，他們大哭過，努力嘗試過，他們想要得到其他的結果。我完全懂。

若不是有無法解釋的恩典、變革之風、以及一個帶著懺悔之心，願意讓上帝在他內心運作的男人，我也可能有相同處境。

我不能說我做得比別人好，或做了哪些不同的事，使我理清這一團亂。我和任何人一樣感到驚訝。在兩個花園之間的中間地帶生活，別無其他，只有翻到脫線的聖經、沾滿眼淚的枕頭、撕心肺裂後的緩解、涼爽的微風，以及上帝對我們兩人迴盪的教誨。當我坐在這個混亂的人性與神聖之境的中間地帶時，我渴望第二次獲得保證的機會。但是，情況不會是如此。我必須睜大眼睛面對有風險的事實，步入這個新常態。

身而為人，就會脆弱。這點要求我們認真地信任上帝。信靠上帝是最難學的一課，但也是最關鍵的一課。

我們信任一位允許傷害發生的上帝。

但是我們也信任祂一定會從傷害中做出好事。

受傷不是世界上最糟糕的事情。實際上，這使我們與耶穌更近、與人類同胞更靠近。在一個充滿差異的世界中，當我們一起哭泣時，彼此是融合在一起的。

因此，我不懼怕傷害，因為我確實相信上帝會從苦厄中帶來好事。我害怕的是，自己太過安逸，忘了人生永遠充滿變化，而大聲疾呼說想重拾「正常人生」的掌握權。

我被「改變」搞得筋疲力盡了。我仍然發現自己在抗拒改變。但是那些走過的路、經歷過的事，已經把我轉變成了一個更好的人。亞特也是如此。我們自己不會選擇這些變化，但它們是好的，是我們經歷過最困難的好事。

但是我不想把它當成禮物，因為現實生活永遠不會那麼整潔簡單。我仍然會因為發生的事而哭泣，會哀悼那些回不去的事，會感到害怕，非常害怕。

再次打開我的心，意味著將曾經如此嚴重的傷口再次暴露在信任的尖銳邊緣。要獲得信任，你必須接近、並且敢於嘗試。是的，這是有風險的。是的，我不確定是否可以再試一次。是的，我不清楚如何消除不確定的迷霧。因此，我選擇不做嘗試、不把全部弄得一清二楚。我只是捏捏亞特伸出在我面前的手，輕聲地說：「好吧，亞特，讓我們試試。」

麗莎的近況

謝謝你們，在我的婚姻及健康消息曝光之後的這些日子裡為我和家人祈禱。在我感覺好像沒有力量去面對眼前的戰鬥時，你們的話支持了我。為此，我非常感謝。

在我寫完這本書的手稿之後，我和我的醫生決定，對付我的乳癌最好的方法是進行雙乳切除術。我接受了手術，幾週後的檢查已經沒有發現癌細胞。我還需要進行一些重建手術，但是我非常感謝能夠展開康復之路。我每天都為乳癌病友以及所有陷入可怕診斷結果的人們而祈禱。

關於我的「為什麼」，此刻仍然沒有答案。但在經歷這些事情的過程中，我已經多次瞥見神的忠誠。我已經學會，即使發生的狀況毫無道理可言，我仍對上帝有深深的信任。那是禮物，一個非常棒的禮物，在未來的人生中，我都會握住這份禮物。

當上帝似乎沒有提供你要的幫助時，讓這九段經文陪你度過

你是否極度渴望看到上帝在痛苦折磨的環境中運作的證據？也許是無數次哭泣所求的禱告未得到回應，也可能是你渴望祂修補某一段關係，或你一直要求祂幫忙結束的痛苦。我知道那有多麼艱難。

我也知道敵人會希望你認為上帝忽視你。事實是：上帝絕對渴望在我們受傷的地方給予幫助；但為了幫助我們，祂必須讓我們轉變。而所有這一切都是因為祂愛我們。這就是為什麼我要強調以下這些宣言，在我開始思考各種不如預期的期待、痛苦、失望，以及在其中掙扎時，一定要從這三段宣言做為起點：

- 上帝渴望幫助我。
- 上帝渴望改變我。
- 上帝愛我。

以下，你會讀到這些宣言以及我們常相信的謊言；還有可以用來擊敗那些謊言的經文。當我們表達上帝的真理時，就能壓制敵人的謊言。我祈禱你能自己掌握這些真理。我祈禱你能清楚知

道：神不會忽略你；祂正在恢復你。

上帝渴望幫助我

謊言：
什麼事情似乎都沒有改變。上帝一定無視我求助的呼號。

真理：
我曾耐性等候耶和華；他垂聽我的呼求。他從禍坑裡，從淤泥中，把我拉上來，使我的腳立在磐石上，使我腳步穩當。（詩篇 40:1-2 書中原文引自英語標準版）

我會記得：
上帝渴望幫助我，他俯身靠近傾聽我。

謊言：
我不確定上帝有注意我或在乎我。感覺上我的祈禱好像一點也不重要。

真理：
兩個麻雀不是賣一分銀子麼？若是你們的父不許，一個也不能掉在地上；就是你們的頭髮也

都被數過了。所以，不要懼怕，你們比許多麻雀還貴重！（馬太福音 10:29-31　書中原文引自英語標準版）

我會記得：

上帝渴望幫助我，他深切地關心我。

謊言：

上帝可能對我和我的所有缺點感到厭倦。

真理：

你豈不曾知道麼？你豈不曾聽見麼？永在的神耶和華，創造地極的主，並不疲乏，也不困倦；他的智慧無法測度。疲乏的，他賜能力；軟弱的，他加力量。（以賽亞書 40:28-29）

我會記得：

上帝渴望幫助我，他的能力就是我所有軟弱之處的答案。

上帝渴望改變我

謊言：

上帝不可能改變像我這樣的人。

真理：

因為他預先所知道的人，就預先定下效法他兒子的模樣，使他兒子在許多弟兄中作長子。（羅馬書 8：29）

我會記得：

上帝渴望改變我，祂讓我越來越像耶穌。

謊言：

上帝在很久以前就放棄我了。

真理：

我深信那在你們心裡動了善工的，必成全這工，直到耶穌基督的日子。（腓立比書 1：6　書中原文引自英語標準版）

我會記得：

上帝渴望改變我，祂應許祂會完成在我身上所做的工作。

謊言：

上帝希望我快馬加鞭，趕快振作起來。

真理：

因為你們立志行事都是神在你們心裡運行，為要成就他的美意。（腓立比書 2:13　書中原文引自英語標準版）

我會記得：

上帝渴望改變我，祂會幫助我改變。

上帝愛我

謊言：

我不配被上帝所愛。

真理：

為義人死，是少有的；為仁人死、或者有敢做的。惟有基督在我們還作罪人的時候為我們死，神的愛就在此向我們顯明了。（羅馬書 5:7-8）

我會記得：

上帝愛我，祂尋找我，即使我舉止不討人喜歡。

謊言：

如果上帝真的愛我，祂不會讓我感到如此痛苦。

真理：

我的弟兄們，你們落在百般試煉中，都要以為大喜樂；因為知道你們的信心經過試驗，就生忍耐。但忍耐也當成功，使你們成全、完備，毫無缺欠。（雅各書 1:2-4）

我會記得：

上帝愛我，他承諾不會讓我白白受苦。

謊言：

如果我對上帝誠實坦白我的感覺，祂會對我感到失望，祂會停止愛我。

真理：

你們眾民當時時倚靠他，
在他面前傾心吐意；神是我們的避難所。
（詩篇 62:8）

我會記得：

上帝愛我，祂邀請我向祂誠實傾吐我的心意。

取得你所需的幫助

親愛的朋友：

對於某些人來說，這本書正是你所需要的，可以陪你度過艱難的時節或處理深深的失望。但是對於某些人來說，這本書可能是療癒的起點。我並不是持有證照的諮商師，所以這本書並不能取代治療。請明瞭這一點：生活中有一些困難的現實，是你會希望由有執照的基督教諮商師來為你導航的。請誠實面對自己需要諮商協助這件事。我非常感謝那些熱心幫助引領我穿越黑暗時期的專業諮商人士。對我來說，有一點一直是很重要的：與我進行諮商的專業諮商師，個人都與耶穌有很深的承諾關係，同時瞭解我們必須在身體和精神兩個領域應戰。我為你祈禱，親愛的朋友。

愛你的麗莎

致謝詞

當我在撰寫這本書時，正在經歷一段痛苦時節，我認為自己應該沒辦法持續推動這本書。我花許多時間呆坐在床上，盤算著搬到蒙大拿州當餐館服務生。但我擁有了不起的家人朋友，他們看到我被賦予了另外的任務。當服務生也是很棒的一件事，但那不是我的天命。當 CSI 犯罪現場鑑識人員（我的另外一個秘密選項）也不是。

這些朋友幫助我專注於我從上帝那裡領來的任務。他們拉著我的手、抬起我的手臂，幫助我將這本書帶到終點線。感謝這些超級讚的朋友，我愛你們，衷心感謝你們。

亞特，這段旅程漫長而痛苦，但也出乎意外的神奇。謝謝你閱讀了這本書的每一個字，並且為我加油，讓我抵達終點，我愛你。

Jackson, Amanda, Mark, Selena, Susan Hope, Michael, Ashley, David, Brooke, Paige, and Philecia... 你們是超棒的祝福，我好愛你們。

Hamp, Colette, Wes, Laci, Pastor Rob and Michelle... 我希望自己也能為他人帶來像你們帶給我的這

一切。我對你們深深的愛難以言喻。你們活出福音的絕佳方式，讓我讚嘆佩服。

Kristen, Shae, Hope, Kimberly and Amanda... 沒有你們的友誼、絕佳的才能、以及美好的團隊合作，我無法完成這一切。

Meredith and Leah... 你們擁護我的每一個訊息，就好像是自己的一樣，這對我來說是無價的禮物。

Wendy B, Sharon S, Courtney D, Karen E, Krista W... 謝謝你們在我人生最艱苦的時節為我祈禱。

Joel M... 沒有你在我的團隊上，我不想再寫下一本書！我最喜歡的日子就是當 Leah 和我到神學院跟你學習的時候。謝謝你的謙虛光彩。

Kaley and Madi... 你讓所有碰觸之物都變美麗，謝謝你們幫助我設計本書影片的場景。

Alison, Meredith, Riley, Tori, Anna... 你們是最有才華的設計團隊，謝謝你們抓住了這本書封面所要傳達的：療癒的需求和療癒的希望之間的溫柔平衡。你們把我的訊息妝點得如此美麗，我深深感激。

箴言 31 組織的夥伴們... 最盡心盡力、最棒的夥伴，很榮幸與你們共事。

感謝箴言 31 組織的董事們，你們是超級美好的心靈，也是我親愛的朋友。

Elevation 的牧師和家人們，你們每個禮拜的進展可好？謝謝你們的忠誠支持。Chris 牧師和 Tammy... 我無比珍視你們兩位。謝謝你們帶著無條件的愛與接納，邀請我進入你們的家庭。

Lisa C, Jeremy, and Lori G... 你們是我每個祈禱的回應。我喜歡和你們一起精進學習。

靈魂修復諮商（Restoring the Soul Counseling）的 Michael Cusick 以及諮商師 Jim Cress... 你們是我的光和鹽，在我家人最需要的時刻，幫助我們度過風暴，帶著醫治往前走。謝謝你們。

Brian Hampton, Jessica Wong, Mark Schoenwald, Mark Glesne, Jessalyn Foggy, Janene MacIvor, Lori Lynch, Sara Broun, John Raymond, Sara Riemersma... 你們是最棒的出版夥伴，你們鼓勵我、挑戰我，為我寫的每一本書注入生命。對我而言，你們不只是事工夥伴而已，你們是一輩子的朋友。

本書的前期讀者群……謝謝你們陪我度過撰寫書中每一章的時刻。你們的回饋與愛，幫助我以最棒的方式塑型了這本書。

各章節經文

前言

感謝神，使我們藉著我們的主耶穌基督得勝。（哥林多前書 15:57）

第一章 兩個花園之間

看哪，神的帳幕在人間。他要與人同住，他們要作他的子民。神要親自與他們同在，作他們的神。神要擦去他們一切的眼淚；不再有死亡，也不再有悲哀、哭號、疼痛，因為以前的事都過去了。坐寶座的說：看哪，我將一切都更新了！（啟示錄 21:3-5）

第二章 塵

耶和華神用地上的塵土造人，將生氣吹在他鼻孔裡，他就成了有靈的活人，名叫亞當。（創世記 2:7）

「我在世上的時候，是世上的光。耶穌說了這話，就吐唾沫在地上，用唾沫和泥抹在瞎子的眼睛上」（約翰福音 9:5-6）

耶和華啊，現在你仍是我們的父！
我們是泥，你是窯匠；
我們都是你手的工作。
（以賽亞書 64:8）

耶和華說：以色列家啊，我待你們，豈不能照這窯匠弄泥麼？以色列家啊，泥在窯匠的手中怎樣，你們在我的手中也怎樣。（耶利米書 18:6）

我們原知道，我們這地上的帳棚若拆毀了（代表我們死亡、離開肉身之軀）必得神所造，不是人手所造，在天上永存的房屋。我們在這帳棚裡歎息，深想得那從天上來的房屋，好像穿上衣服；倘若穿上，被遇見的時候就不至於赤身了。我們在這帳棚裡歎息勞苦，並非願意脫下這個，乃是願意穿上那個，好叫這必死的被生命吞滅了。為此，培植我們的就是神，他又賜給我們聖靈作憑據。（歌林多後書 5:1-5，書中原文引自生活版英文翻譯本聖經）

（上帝恢復伊甸園的陳述：）「我把一切都更新了！」（啟示錄 21:5）

第三章　然而，我要如何撐過接下來的 86,400 秒？

基督在肉體的時候，既大聲哀哭，流淚禱告，懇求那能救他免死的主，就因他的虔誠 蒙了應允。他雖然為兒子，還是因所受的苦難學了順從。他既得以完全，就為凡順從 他的人成了永遠得救的根源（希伯來書 5:7-9）

「求你將這杯撤去，然而，不要從我的意思，只要從你的意思。」（馬可福音 14:36）。

所以，你們禱告要這樣說：
我們在天上的父：
願人都尊你的名為聖。
願你的國降臨；
願你的旨意行在地上，
如同行在天上。
我們日用的飲食，今日賜給我們。
（馬太福音 6:9-11）

兒女既同有血肉之體，他也照樣親自成了血肉之體，特要藉著死敗壞那掌死權的，就是魔鬼，並要釋放那些一生因怕死而為奴僕的人。所以，他凡事該與他的弟兄相同，為要在神的事上成為慈悲忠信的大祭司，為百姓的罪獻上挽回祭。他自己既然被試探而受苦，就能搭救被試探的人。
（希伯來書 2:14-15, 17-18）

同蒙天召的聖潔弟兄阿，你們應當思想我們所認為使者、為大祭司的耶穌。（希伯來書 3:1）

所盼望的遲延未得，令人心憂；

所願意的臨到，卻是生命樹。

（箴言 13：12）。

第四章　曬黑的雙腳

因為神賜給我們，不是膽怯的心，乃是剛強、仁愛、謹守的心。（提摩太後書 1：7）

當時夫妻二人赤身露體，並不羞恥。（創世記 2：25）。

耶和華神呼喚那人，對他說：你在那裡？

耶和華說：誰告訴你赤身露體呢？莫非你吃了我吩咐你不可吃的那樹上的果子嗎？

（創世記 3：9,11）

第五章 這些畫，那些人

弟兄勝過他，是因羔羊的血和自己所見證的道。（啟示錄 12：11）

願頌讚歸與我們的主耶穌基督的父神，就是發慈悲的父，賜各樣安慰的神。我們在一切患難中，他就安慰我們，叫我們能用神所賜的安慰去安慰那遭各樣患難的人。（哥林多後書 1：3-4）

所以，你們既是神的選民，聖潔蒙愛的人，就要存（原文作穿）憐憫、恩慈、謙虛、溫柔、忍耐的心。（歌羅西書 3：12）

第六章 有一點太長，有一點太難

我曾耐性等候耶和華；他垂聽我的呼求。

他從禍坑裡，從淤泥中，把我拉上來，

使我的腳立在磐石上，使我腳步穩當。

他使我口唱新歌，就是讚美我們神的話。許多人必看見而懼怕，並要倚靠耶和華。那倚靠耶和華、不理會狂傲和偏向虛假之輩的，這人便為有福！（詩篇 40:1-4）

約伯為他的朋友祈禱（那些人對約伯做出錯誤評斷、不談上帝真理、並在約伯的痛苦上加諸許多傷害）。耶和華就使約伯從苦境（原文是擄掠）轉回，並且耶和華賜給他的比他從前所有的加倍。（約伯記 42:10）

這樣，耶和華後來賜福給約伯比先前更多。（約伯記 42:12）

此後，約伯又活了一百四十年，得見他的兒孫，直到四代。（約伯記 42:16）

那賜諸般恩典的神曾在基督裡召你們，得享他永遠的榮耀，等你們暫受苦難之後，必要親自成全你們，堅固你們，賜力量給你們。（彼得前書 5:10）

因此，我們自從聽見的日子，也就為你們不住的禱告祈求，願你們在一切屬靈的智慧悟性上，滿心知道神的旨意；好叫你們行事為人對得起主，凡事蒙他喜悅，在一切善事上結果子，漸漸的多知道神；照他榮耀的權能，得以在各樣的力上加力，好叫你們凡事歡歡喜喜的忍耐寬容；（歌羅西書 1:9-11）

他對我說：我的恩典夠你用的，因為我的能力是在人的軟弱上顯得完全。所以，我更喜歡誇自己的軟弱，好叫基督的能力覆庇我。我為基督的緣故，就以軟弱、凌辱、急難、逼迫、困苦為可喜樂的；因我甚麼時候軟弱，甚麼時候就剛強了。（哥林多後書 12:9-10）

我的弟兄們，你們落在百般試煉中，都要以為大喜樂；因為知道你們的信心經過試驗，就生忍耐。但忍耐也當成功，使你們成全、完備，毫無缺欠。（雅各書 1:2-4）

第七章　當上帝給你多於你所能承擔之時

你們所遇見的試探，無非是人所能受的。神是信實的，必不叫你們受試探過於所能受的；在

受試探的時候，總要給你們開一條出路，叫你們能忍受得住。（哥林多前書 10:13）

弟兄們，我們不要你們不曉得，我們從前在亞西亞遭遇苦難，被壓太重，力不能勝，甚至連活命的指望都絕了；自己心裡也斷定是必死的，叫我們不靠自己，只靠叫死人復活的神。（哥林多後書 1:8-9）

禍哉，那與造他的主爭論的！他不過是地上瓦片中的一塊瓦片。泥土豈可對摶弄他的說：你做甚麼呢？所做的物豈可說：你沒有手呢？（賽亞書 45:9）

於是撒但從耶和華面前退去，擊打約伯，使他從腳掌到頭頂長毒瘡。約伯就坐在爐灰中，拿瓦片刮身體。

他的妻子對他說：你仍然持守你的純正麼？你棄掉神，死了罷！

約伯卻對他說：你說話像愚頑的婦一樣。嗳！難道我們從神手裡得福，不也受禍麼？在這一切的事上約伯並不以口犯罪。（約伯記 2:7-10）

為巴比倫所定的七十年滿了以後，我要眷顧你們，向你們成就我的恩言，使你們仍回此地……我知道我向你們所懷的意念是賜平安的意念，不是降災禍的意念，要叫你們末後有指望。你們要呼求我，禱告我，我就應允你們。你們尋求我，若專心尋求我，就必尋見。耶和華說：我必被你們尋見……。（耶利米書 29:10-14）

清心的人有福了！因為他們必得見神。（馬太福音 5:8）

……要聽我言：你們自從生下，就蒙我保抱，自從出胎，便蒙我懷搋。直到你們年老，我仍這樣；直到你們髮白，我仍懷搋。我已造作，也必保抱；我必懷抱，也必拯救。你們要追念上古的事。因為我是神，並無別神；我是神，再沒有能比我的。我從起初指明末後的事，從古時言明未成的事，說：我的籌算必立定；凡我所喜悅的，我必成就。我召鷙鳥從東方來，召那成就我籌算的人從遠方來。我已說出，也必成就；我已謀定，也必做成。（以賽亞書 46:3-4,9-11）

耶穌說我就是道路、真理、生命；若不藉著我，沒有人能到父那裡去。（約翰福音 14:6）

耶和華造天、地、海，和其中的萬物；他守誠實，直到永遠。（詩篇 146:6）

你不要害怕，因為我與你同在；不要驚惶，因為我是你的神。我必堅固你，我必幫助你；我必用我公義的右手扶持你。（以賽亞書 41:10）

然而，我常與你同在；
你攙著我的右手。
（詩篇 73:23）

你是我藏身之處；
你必保佑我脫離苦難，
以得救的樂歌四面環繞我。
（詩篇 32:7）

第八章　放下、擺脫、仰望

求你以你的真理引導我，

教訓我，因為你是救我的神。
我終日等候你。
（詩篇 25:5）

我們既有這許多的見證人，如同雲彩圍著我們，就當放下各樣的重擔，脫去容易纏累我們的罪，存心忍耐，奔那擺在我們前頭的路程，仰望為我們信心創始成終的耶穌（或作：仰望那將真道創始成終的耶穌）。他因那擺在前面的喜樂，就輕看羞辱，忍受了十字架的苦難，便坐在神寶座的右邊。（希伯來書 12:1-2）

耶穌過去的時候，看見一個人生來是瞎眼的。門徒問耶穌說：拉比，這人生來是瞎眼的，是誰犯了罪？是這人呢？是他父母呢？

耶穌回答說：也不是這人犯了罪，也不是他父母犯了罪，是要在他身上顯出神的作為來。趁著白日，我們必須做那差我來者的工；黑夜將到，就沒有人能做工了。我在世上的時候，是世上的光。

耶穌說了這話，就吐唾沫在地上，用唾沫和泥抹在瞎子的眼睛上，對他說：你往西羅亞池子裡去洗（西羅亞繙出來就是奉差遣）。他去一洗，回頭就看見了。（約翰福音 9:1-7）

耶穌聽說他們把他趕出去，後來遇見他，就說：你信神的兒子麼？
他回答說：主阿，誰是神的兒子，叫我信他呢？
耶穌說：你已經看見他，現在和你說話的就是他。
他說：主阿，我信！就拜耶穌。（約翰福音 9:35-38）

神啊，求你按你的慈愛憐恤我，按你豐盛的慈悲塗抹我的過犯！
求你將我的罪孽洗除淨盡，並潔除我的罪！

因為我知道我的過犯，我的罪常在我面前。
我向你犯罪，唯獨得罪了你，在你眼前行了這惡，
以致你責備我的時候顯為公義，判斷我的時候顯為清正。
我是在罪孽裡生的，在我母親懷胎的時候就有了罪。
你所喜愛的是內裡誠實，你在我隱密處必使我得智慧。

求你用牛膝草潔淨我，我就乾淨；求你洗滌我，我就比雪更白。
求你使我得聽歡喜快樂的聲音，使你所壓傷的骨頭可以踴躍。

求你掩面不看我的罪，塗抹我一切的罪孽。

神啊，求你為我造清潔的心，使我裡面重新有正直（或譯：堅定）的靈。

不要丟棄我，使我離開你的面，不要從我收回你的聖靈。

求你使我仍得救恩之樂，賜我樂意的靈扶持我。

我就把你的道指教有過犯的人，罪人必歸順你。

神啊，你是拯救我的神，求你救我脫離流人血的罪，我的舌頭就高聲歌唱你的公義。

主啊，求你使我嘴唇張開，我的口便傳揚讚美你的話。

（詩篇 51:1-15）

所有照耀前路的開拓者，所有的這些老手們都在為我們加油——你知道這意味著什麼？這意味著我們最好繼續下去。卸下重擔開始跑，而且永不放棄！沒有多餘的精神脂肪，沒有寄生的罪過。雙眼仰望耶穌，祂是我們參加這場比賽的創始者和終結者，仔細研究祂是怎麼做的。因為祂從未忘記過自己的前進方向——回到上帝身邊的振奮結局，所以可以忍受一路走來所遭遇的任何事情：十字架、羞辱、一切的一切。現在祂在那裡，在榮耀之處，與神同在。當你發現自己的信仰衰減之時，請再回顧這段故事，逐條閱讀祂如何奮力穿越一長串充滿敵意的對待。那絕對會將腎上腺素注入你的靈魂！（希伯來書 12:1-3，信息本聖經）

我們既因信稱義，就藉著我們的主耶穌基督得與神相和。我們又藉著他，因信得進入現在所站的這恩典中，並且歡歡喜喜盼望神的榮耀。不但如此，就是在患難中也是歡歡喜喜的；因為知道患難生忍耐，忍耐生老練，老練生盼望（羅馬書 5:1-4）

第九章　讓敵人現形

盜賊來，無非要偷竊，殺害，毀壞；我來了，是要叫羊（或作：人）得生命，並且得的更豐盛。（約翰福音 10:10）

人被試探，不可說：「我是被神試探」；因為神不能被惡試探，他也不試探人。但各人被試探，乃是被自己的私慾牽引誘惑的。私慾既懷了胎，就生出罪來；罪既長成，就生出死來。

我親愛的弟兄們，不要看錯了。

所以，你們要脫去一切的污穢和盈餘的邪惡，存溫柔的心領受那所栽種的道，就是能救你們靈魂的道。

只是你們要行道，不要單單聽道，自己欺哄自己。（雅各書 1:13-16, 21-22）

神的道是活潑的，是有功效的，比一切兩刃的劍更快，甚至魂與靈，骨節與骨髓，都能刺入、剖開，連心中的思念和主意都能辨明。並且被造的沒有一樣在他面前不顯然的；原來萬物在那與我們有關係的主眼前，都是赤露敞開的。

我們既然有一位已經升入高天尊榮的大祭司，就是神的兒子耶穌，便當持定所承認的道。因我們的大祭司並非不能體恤我們的軟弱。他也曾凡事受過試探，與我們一樣，只是他沒有犯罪。所以，我們只管坦然無懼的來到施恩的寶座前，為要得憐恤，蒙恩惠，作隨時的幫助。（希伯來書 4:12-16）

這些人是無水的井，是狂風催逼的霧氣，有墨黑的幽暗為他們存留。他們說虛妄矜誇的大話，用肉身的情慾和邪淫的事引誘那些剛才脫離妄行的人。他們應許人得以自由，自己卻作敗壞的奴僕，因為人被誰制伏就是誰的奴僕。（彼得後書 2:17-19）

主所應許的尚未成就，有人以為他是耽延，其實不是耽延，乃是寬容你們，不願有一人沉淪，乃願人人都悔改。（彼得後書 3:9）

不要自欺，神是輕慢不得的。人種的是甚麼，收的也是甚麼。順著情慾撒種的，必從情慾收敗壞；順著聖靈撒種的，必從聖靈收永生。（加拉太書 6:7-8）

凡事都可行，但不都有益處。凡事都可行，但不都造就人。（哥林多前書 10:23）

你們死在過犯罪惡之中，他叫你們活過來。那時，你們在其中行事為人，隨從今世的風俗，順服空中掌權者的首領，就是現今在悖逆之子心中運行的邪靈。我們從前也都在他們中間，放縱肉體的私慾，隨著肉體和心中所喜好的去行，本為可怒之子，和別人一樣。然而，神既有豐富的憐憫，因他愛我們的大愛，當我們死在過犯中的時候，便叫我們與基督一同活過來 。你們得救是本乎恩。（以弗所書 2:1-5）

因此，他已將又寶貴又極大的應許賜給我們，叫我們既脫離世上從情慾來的敗壞，就得與神

的性情有分。（彼得後書 1:4）

我親愛的弟兄們，不要看錯了。各樣美善的恩賜和各樣全備的賞賜都是從上頭來的，從眾光之父那裡降下來的；在他並沒有改變，也沒有轉動的影兒。（雅各書 1:16-17）

人心比萬物都詭詐，壞到極處，誰能識透呢？（耶利米書 17:9）

耶和華——我的磐石，我的救贖主啊，
願我口中的言語、心裡的意念在你面前蒙悅納。
（詩篇 19:14）

（我聽見在天上有大聲音說：）
我神的救恩、能力、國度、並他基督的權柄，現在都來到了！
因為那在我們神面前晝夜控告我們弟兄的，已經被摔下去了。
弟兄勝過他，是因羔羊的血和自己所見證的道。
他們雖至於死，也不愛惜性命。

（啟示錄 12:10-11）

耶和華神對蛇說：
你既作了這事，
就必受咒詛，比一切的牲畜野獸更甚。
你必用肚子行走，終身吃土。
（創世記 3:14，原文引用自新欽定版聖經）

因此，你們是大有喜樂；但如今，在百般的試煉中暫時憂愁，**叫你們的信心既被試驗**，就比那被火試驗仍然能壞的金子更顯寶貴，**可以在耶穌基督顯現的時候得著稱讚、榮耀、尊貴**。（彼得前書 1:6-7，特別強調加粗部分）

所以要約束你們的心，（原文是束上你們心中的腰），謹慎自守，專心盼望耶穌基督顯現的時候所帶來給你們的恩。你們既作順命的兒女，就不要效法從前蒙昧無知的時候那放縱私慾的樣子。那召你們的既是聖潔，你們在一切所行的事上也要聖潔。因為經上記著說：「你們要聖潔，因為我是聖潔的。」（彼得前書 1:13-16）

你們中間有受苦的呢，他就該禱告；有喜樂的呢，他就該歌頌。你們中間有病了的呢，他就該請教會的長老來；他們可以奉主的名用油抹他，為他禱告。出於信心的祈禱要救那病人，主必叫他起來；他若犯了罪，也必蒙赦免。所以你們要彼此認罪，互相代求，使你們可以得醫治。義人祈禱所發的力量是大有功效的。（雅各書 5:13-16）

你們若是熱心行善，有誰害你們呢？你們就是為義受苦，也是有福的。不要怕人的威嚇（的威嚇：或譯所怕的），也不要驚慌；只要心裡尊主基督為聖。有人問你們心中盼望的緣由，就要常作準備，以溫柔、敬畏的心回答各人；存著無虧的良心，叫你們在何事上被毀謗，就在何事上可以叫那誣賴你們在基督裡有好品行的人自覺羞愧。神的旨意若是叫你們因行善受苦，總強如因行惡受苦。（彼得前書 3:13-17）

第十章　我的戰鬥宣言

「我將這些事告訴你們，是要叫你們在我裡面有平安。在世上，你們有苦難；但你們可以放心，我已經勝了世界。」（約翰福音 16:33）

「你們要先求他的國和他的義，這些東西都要加給你們了。所以，不要為明天憂慮，因為明天自有明天的憂慮；一天的難處一天當就夠了。」（馬太福音 6：33-34）

親愛的弟兄阿，有火煉的試驗臨到你們，不要以為奇怪（似乎是遭遇非常的事），倒要歡喜；因為你們是與基督一同受苦，使你們在他榮耀顯現的時候，也可以歡喜快樂。（彼得前書 4：12-13）

摩押自幼年以來常享安逸，如酒在渣滓上澄清，沒有從這器皿倒在那器皿裡，也未曾被擄去。因此，他的原味尚存，香氣未變。（耶利米書 48：11）

因為隨從肉體的人體貼肉體的事，隨從聖靈的人體貼聖靈的事。體貼肉體的，就是死；體貼聖靈的，乃是生命、平安。（羅馬書 8：5-6）

「不要效法這個世界，只要心意更新而變化，叫你們察驗何為神的善良、純全、可喜悅的旨意。」（羅馬書 12：2）

我們聽說摩押人驕傲，是極其驕傲；聽說他狂妄、驕傲、忿怒；他誇大的話是虛空的。因此，摩押人必為摩押哀號；人人都要哀號。你們摩押人要為吉珥哈列設的葡萄餅哀歎，極其憂傷……從肥美的田中奪去了歡喜快樂；在葡萄園裡必無歌唱，也無歡呼的聲音。踹酒的在酒醉中不得踹出酒來；我使他歡呼的聲音止息。（以賽亞書 16:6-7,10）

雅各啊，創造你的耶和華，以色列啊，造成你的那位，現在如此說：你不要害怕！因為我救贖了你。我曾提你的名召你，你是屬我的。

你從水中經過，我必與你同在；你趟過江河，水必不漫過你；你從火中行過，必不被燒，火燄也不著在你身上。

因為我是耶和華——你的神，是以色列的聖者——你的救主；我已經使埃及作你的贖價，使古實和西巴代替你。

因我看你為寶為尊；又因我愛你，所以我使人代替你，使列邦人替換你的生命。

不要害怕，因我與你同在

（以賽亞書 43:1-5，原文引自擴增版聖經）

耶和華如此說：你們不要記念從前的事，
也不要思想古時的事。
看哪，我要做一件新事；如今要發現，你們豈不知道麼？
我必在曠野開道路，在沙漠開江河。
（以賽亞書 43:18-19）

照他榮耀的權能，得以在各樣的力上加力，好叫你們凡事歡歡喜喜的忍耐寬容。
（歌羅西書 1:11 原文引自新世紀版聖經）。

凡求告耶和華的，就是誠心求告他的，
耶和華便與他們相近。
（詩篇 145:18）

我想起這事，心裡就有指望。
我們不致消滅，是出於耶和華諸般的慈愛；是因他的憐憫不致斷絕。

每早晨，這都是新的；你的誠實極其廣大！

（耶利米哀歌 3:21-23）

我還有好些事要告訴你們，但你們現在擔當不了（或作：不能領會）。只等真理的聖靈來了，他要引導你們明白（原文作進入）一切的真理；因為他不是憑自己說的，乃是把他所聽見的都說出來，並要把將來的事告訴你們。他要榮耀我，因為他要將受於我的告訴你們。凡父所有的，都是我的；所以我說，他要將受於我的告訴你們。（約翰福音 16:12-15）

神說：因為他專心愛我，我就要搭救他；
因為他知道我的名，我要把他安置在高處。
他若求告我，我就應允他；
他在急難中，我要與他同在；
我要搭救他，使他尊貴。（詩篇 91:14-15）

我要賜他們認識我的心，知道我是耶和華。他們要作我的子民，我要作他們的神，因為他們要一心歸向我。（耶利米書 24:7）

他必不怕凶惡的信息；
他心堅定，倚靠耶和華。
（詩篇 112:7）

耶和華——我的磐石，我的救贖主啊，
願我口中的言語、心裡的意念在你面前蒙悅納。
（詩篇 19:14）

你們中間有受苦的呢，他就該禱告；有喜樂的呢，他就該歌頌。（雅各書 5:13，書中原文引自新美國標準版聖經）

（大衛的詩。）
我要一心稱謝你，在諸神面前歌頌你。
我要向你的聖殿下拜，為你的慈愛和誠實稱讚你的名；
因你使你的話顯為大，過於你所應許的（或譯：超乎你的名聲）。
我呼求的日子，你就應允我，鼓勵我，使我心裡有能力。

我雖行在患難中，你必將我救活；
我的仇敵發怒，你必伸手抵擋他們；
你的右手也必救我。
（詩篇 138:1-3,7）

堅心倚賴你的，
你必保守他十分平安，
因為他倚靠你。
（以賽亞書 26:3）

務要謹守，儆醒。因為你們的仇敵魔鬼，如同吼叫的獅子，遍地遊行，尋找可吞吃的人。
（彼得前書 5:8）

我兒，要留心我智慧的話語，
側耳聽我聰明的言詞，
為要使你謹守謀略，嘴唇保存知識。

（箴言 5:1-2）

你的眼目要向前正看（朝向道德勇氣之路）；
你的眼睛當向前直觀（朝向正直之路）。

要修平你腳下的路，堅定你一切的道。

不可（受惡魔引誘而）偏向左右；
要使你的腳離開邪惡之道。
（箴言 4:27，書中原文引自擴增版聖經）

因此，讓我們繼續專注於這個目標，想要得到神賜一切的人們！如果你們心裡還有什麼其他想法，而沒有全心承諾，上帝將清理你模糊的視野——你將會看到它！現在我們既然已經走在正確的道路上，就讓我們繼續前進。

朋友，請跟緊我。追尋那些你看到跑在同樣道路上、朝著同樣目標前進的人。有許多人走其他道路、選擇其他目標，並試圖要你同行。關於他們，我警告過你很多次了；可悲的是，我不得不再警告一次。他們想要的是好走的街道。他們討厭基督的十字架。但是好走的街道是條死胡同；住在那裡的人，以腹部為神，把打嗝當成是對神的讚頌，心中所想的就是他們的胃口而已。

但是，對我們來說，生命遠比這還要更多。我們是天堂的公民！我們正在等待救世主耶穌基督的到來，祂會把我們塵世身軀變成像祂一樣榮耀。祂會讓我們美好而完整，就如同祂能把以下、周圍一切放在應有之地一樣。（腓立比書 3：15-21，信息本聖經）

因為凡世界上的事，就像肉體的情慾，眼目的情慾，並今生的驕傲，都不是從父來的，乃是從世界來的。（約翰一書 2：16）

同蒙天召的聖潔弟兄阿，你們應當思想我們所認為使者、為大祭司的耶穌。（希伯來書 3：1）

所有照耀前路的開拓者，所有的這些老手們都在為我們加油——你知道這意味著什麼？這意味著我們最好繼續下去。卸下重擔開始跑，而且永不放棄！沒有多餘的精神脂肪，沒有寄生的罪過。雙眼仰望耶穌，祂是我們參加這場比賽的創始者和終結者，仔細研究祂是怎麼做的。因為祂從未忘記過自己的前進方向——回到上帝身邊的振奮結局，所以可以忍受一路走來所遭遇的任何事情：十字架、羞辱、一切的一切。現在祂在那裡，在榮耀之處，與神同在。（希伯來書 12:1-3，信息本聖經）

我們原是他的工作，在基督耶穌裡造成的，為要叫我們行善，就是神所預備叫我們行的。（以弗所書 2:10）

所以，弟兄們，你們要站立得穩，凡所領受的教訓，不拘是我們口傳的，是信上寫的，都要堅守。但願我們主耶穌基督和那愛我們、開恩將永遠的安慰並美好的盼望賜給我們的父神，安慰你們的心，並且在一切善行善言上堅固你們。（帖撒羅尼迦後書 2:15-17）

我所親愛、所想念的弟兄們，你們就是我的喜樂，我的冠冕。（勝利的桂冠）我親愛的弟兄，你們應當靠主站立得穩。應當一無罣慮，只要凡事（所有形勢與狀況）藉著禱告、祈求，和感謝，將你們所要的（明確要求）告訴神。神所賜、出人意外的平安（令人心安的平安）必在基督耶穌裡保守你們的心懷意念。弟兄們，我還有未盡的話：凡是真實的、可敬的、公義的、清潔的、可愛的、有美名的，若有甚麼德行，若有甚 麼稱讚，這些事你們都要思念（集中心念在這些事

情上，植入心中）。（腓立比書4:1書中原文引自擴增版聖經）

神非人，必不致說謊，也非人子，必不致後悔。他說話豈不照著行呢？他發言豈不要成就呢？（民數記23:19）

第十一章　上下顛倒

我的弟兄們，你們落在百般試煉中，都要以為大喜樂；因為知道你們的信心經過試驗，就生忍耐。但忍耐也當成功，使你們成全、完備，毫無缺欠。（雅各書1:2-4）

忍受試探的人是有福的，因為他經過試驗以後，必得生命的冠冕；這是主應許給那些愛他之人的。（雅各書1:12）

麗莎的邀請

麗莎目前正在籌組一些小型聚會，向大家展現如何更深入這些教義，並具體應用在你的人生中。如果你有興趣加入，請瀏覽網站：https://lysaterkeurst.com/invitation-from-lysa

高寶書版集團
gobooks.com.tw

新視野 New Window 209
與不順心的人生，和好
當意外來敲門，找尋生命中的勇氣與力量
It's Not Supposed to Be This Way: Finding Unexpected Strength When Disappointments Leave You Shattered

作　　者　麗莎・特克斯特
譯　　者　林宜萱
特約編輯　田詠綸
助理編輯　陳柔含
封面設計　林政嘉
內頁排版　賴姵均
企　　劃　何嘉雯

發 行 人　朱凱蕾
出　　版　英屬維京群島商高寶國際有限公司台灣分公司
　　　　　Global Group Holdings, Ltd.
地　　址　台北市內湖區洲子街 88 號 3 樓
網　　址　gobooks.com.tw
電　　話　(02) 27992788
電　　郵　readers@gobooks.com.tw（讀者服務部）
　　　　　pr@gobooks.com.tw（公關諮詢部）
傳　　真　出版部　(02) 27990909　行銷部 (02) 27993088
郵政劃撥　19394552
戶　　名　英屬維京群島商高寶國際有限公司台灣分公司
發　　行　英屬維京群島商高寶國際有限公司台灣分公司
初版日期　2020 年 8 月

國家圖書館出版品預行編目（CIP）資料

與不順心的人生，和好：當意外來敲門，找尋生命中的勇氣與力量 / 麗莎．特克斯特作；林宜萱譯 .-- 初版 . -- 臺北市：高寶國際出版：高寶國際發行，2020.08

面；　公分 . -- (新視野 205)

ISBN 978-986-361-870-6 (平裝)

1. 人生哲學　2. 生活指導

191.9　　109007845